书山有路勤为径，优质资源伴你行
注册世纪波学院会员，享精品图书增值服务

大师是怎样炼成的

夏晋宇·著

电子工业出版社·

Publishing House of Electronics Industry

北京·BEIJING

图书在版编目（CIP）数据

大师是怎样炼成的 / 夏晋宇著. -- 北京 ： 电子工
业出版社，2024. 10. -- ISBN 978-7-121-48589-3

Ⅰ. F272

中国国家版本馆CIP数据核字第2024RN1494号

责任编辑：杨洪军

印　　刷：涿州市京南印刷厂

装　　订：涿州市京南印刷厂

出版发行：电子工业出版社

北京市海淀区万寿路173信箱　　邮编100036

开　　本：720×1000　1/16　　印张：14　　字数：224千字

版　　次：2024年10月第1版

印　　次：2025年11月第12次印刷

定　　价：69.00元

凡所购买电子工业出版社图书有缺损问题，请向购买书店调换。若书店售缺，请
与本社发行部联系，联系及邮购电话：（010）88254888，88258888。

质量投诉请发邮件至zlts@phei.com.cn，盗版侵权举报请发邮件至dbqq@phei.com.cn。

本书咨询联系方式：（010）88254199，sjb@phei.com.cn。

10年前，我还在行动教育担任研发副总裁。公司有规定，副总裁每年都要写一本书。当时，我根本就没想到这本书后来会成为畅销书，更没想到这本书会对我的一生有如此巨大的影响。

这本书的内容和故事，其实只是还原了我在行动教育的工作日常和磨课的方法。离开行动教育后，这本书就一直没有再版。也就是说，这本书的原版在五六年前就已经卖完了。但有意思的是，在淘宝和京东上，这本书依然一直有售。要么是盗版，要么是二手，但即使是二手书，居然也被炒到了几百元。

今年，我又出版了一本新书《好课像大片》。没想到这本书居然让《大师是怎样炼成的》又火了起来，很多朋友私信我求书。但是，我家里早就没有了。这几年看过《大师是怎样炼成的》的朋友们都建议我再版，他们的理由基本一致：这本书真的很经典。电子工业出版社也收到了一些读者来信，希望再版。

决定再版后，我最初还准备做一些修改，但再一次完整地看完后，我决定不做任何改动。在行动教育的这段历程是我人生中最重要的时刻，我希望本书的再版，是对当年激情燃烧的岁月的致敬。正如我在《好课像大片》中所说：今天我的核心底层逻辑都是来自李践老师的谆谆教诲。如果说今天我还有一点点成就的话，毫不夸张地说，都是沾了行动教育和李践老师的光。今天即使已离开行动教育，但每当有挑战或有困惑的时候，老师永远是我第一个想寻求帮助的人。有时候我甚至觉得自己就从未离开过。

最后，也希望本书的再版，能给今天的企培行业带来新的思考。

夏晋宇

读完夏老师的《大师是怎样炼成的》，我的第一个反应就是赶紧把它锁进保险柜里！

第二天我请夏老师慎重考虑这本书的出版。

第三天在集团总裁办例会上我再次公开表达了我的担忧。

因为这本书"剧透"得太厉害了，行动教育十年磨一剑，磨的就是"制造大师的技术"这把剑，这确实是行动教育真正的核心竞争力，而夏老师在这本书中居然毫无保留！

夏老师于2009年加入行动教育，他是我见过的最有才华的老师之一！行动教育能够为客户持续提供实效的系列精品课和实效老师，夏老师率领的研发团队功不可没！行动教育的研发团队才是大师背后的大师！他们是行动教育的真正幕后英雄！

这让我很纠结！

最后我还是决定支持这本书的出版！

原因是我对今天管理培训行业现状的担忧。正如书中谈到的，培训行业还不够成熟，鱼龙混杂，假大空之风盛行，这个行业已经到了最危险的时刻。

我希望这本书能够正本清源，为管理培训市场注入一股正能量！

　　我也希望这本书能被广大企业家和人力资源工作者看到，因为它不仅可以帮助企业做好知识管理，建立自己的商学院，还可能撬动上亿元的资本，帮助企业探索新的商业模式和行业机会！

李践

行动教育董事长

前 言

如果有人问我：你最希望谁能看到这本书？

我的回答是：行业领袖。

因为这本书可以帮助他：

- 培养行业人才；

- 成就行业影响力；

- 提升整个行业的素质和水平；

- 赢得行业尊敬；

- 撬动千亿元资本。

你可能觉得这个作者疯了！

当然没有！

今天中国的企业发展粗放，而市场又太大，所以中国企业良莠不齐，很多行业前100强的销售总规模不如国外的一家企业。例如我们国家的餐饮业，前100强的营业总额不如肯德基和麦当劳在中国的收入总额！又如我们国家的茶叶业，前1 000强的营业总额不如立顿公司一家的规模，等等。这是非常可悲的！

所以，如果你在中国，又是某个行业领袖的话，我们觉得你的责任重大，因为你负有整合整个行业的使命！你负有提升整个行业竞争力的使命！你负有为整个行业人才赢得尊严的使命！

湘鄂情公司董事长孟凯先生的一句话曾深深触动了我，他说，他的梦想就是有一天，当餐饮公司去高校招聘时能与航空公司一样，在应聘桌前应聘者也能排上长长的队伍。餐饮公司招聘的是服务员，航空公司招聘的也是服务员，餐饮公司关键岗位今天的待遇并不亚于航空公司，为什么会形成这样的反差呢？当然与整个行业人才的素质水平有关系。

那么，如何提升行业素质？如何提升行业竞争力？行业领袖如何整合同行？如何撬动千亿元资本？

- 唯有建立行业商学院，用知识去整合同行，把竞争关系转换为师生关系。这个世界上最便宜的是知识，最贵的也是知识。

- 唯有建立行业商学院，用知识提升行业竞争力，通过知识凝聚同行，统一采购，抱团取暖，降低行业采购成本和运营成本，同时合理规范竞争。

- 唯有建立行业商学院，用知识提升行业素质。因为行业领袖有最佳实践，行业领袖有标杆影响力，通过最佳实践提炼知识，输送给整个行业，同时自己也教学相长，提升本企业的竞争力。

- 唯有建立行业商学院，用知识撬动千亿元资本。因为知识可以构建一个平台，通过这个平台不仅可以统一采购，还可以统一租赁，统一收购兼并，统一与银行、银联等外部机构谈判合作。除此之外，还有很多无限的想象空间。

行动教育作为一家培训公司，每年每个课程的销售额在5 000万元以上，而我相信行业商学院的每个课程产生的价值在10亿元以上。

未来，不管你所处什么样的行业，如果不与网络或者会议营销结合，一定不会有出路。而会议营销绝不是传统的会议营销！今天的会议营销要升级为商学院。

我们很多的客户案例充分说明了这一点，我也期待一些有宏图大志的行业领袖和我们进行深入合作。

如果你继续问我，除了行业领袖，你又最想让谁看到这本书？

我希望是企业家。

这时候你或许觉得我不务正业，但我觉得企业家很有必要读这本书，因为这本书给企业家带去的价值巨大。

我们有一个客户企业是做饲料的，他们的饲料是卖给那些猪场老板的。猪场老板的出身大多是农民，文化水平相对较低，但经过多年奋斗，近几年他们也开阔了眼界，挣下了一点家当，养殖规模明显扩大。

如何赢得这些猪场老板的青睐呢？各个饲料企业真是八仙过海，各显神通：

- 有的企业把这些猪场老板变成员工，每月支付固定的工资，并让他们享受相应的福利待遇；
- 有的企业经常请这些猪场老板聚餐，唱KTV，与他们称兄道弟；
- 有的企业经常请这些猪场老板国内游，顺便带上他们的老婆、孩子；
- 有的企业最后使出绝招，花费重金，请他们出国游。

档次是越来越高，利润是越来越低，手段当然也是越来越没名堂了！

我们的这个客户企业很早就参加了行动教育的课程，他改变了思路，取消了这些老套的营销手段，针对猪场老板潜心研发了一系列课程。不仅如此，他还讲自己所做，做自己所说。他本来没有猪场，为了让自己的知识真正帮助到猪场老板，他专门找了一块场地，亲自带头养猪，建成标准化的猪场。利用这个标准化的猪场，他把自己的管理模式、技术服务等全部加以应用，打造成标杆，不仅使这个猪场的盈利能力大大提升，同时也能够让猪场老板看到、听到和感觉到。

在每次课程开讲之前，他都会精心设计和规划整个参观路线，将猪场老板请到现场观摩。最初，他们公司为这些猪场老板免费提供课程，但发现他们并不珍惜，对此态度漠然。因此，后来他们开始收费，时至今日，他们的课程收费已经与行动教育的课程收费相差无几。我们3天的精品课程收费为2.38万元，而他们的课程收费则为1.98万元。培训业务不仅成为这家饲料企业的一种有效营销手段，还为其带来了一个重要的收入来源。自此之后，这家企业犹如饲料行业的一匹黑马，于2012年获得了5 000万元的风险投资。尽管其年营业额尚无法与行业领袖相提并论，但其在行业中的影响力却有了显著的提升。

我们还有个客户企业是医药连锁企业，他们的思路与这家饲料企业如出一辙，也在2013年顺利上市。

这样的案例太多太多……

也就是说，企业建立商学院不仅可以培养自己的人才，还可以整合渠道，并成为重要的营销手段。这个世界很多东西都是有价的，只有知识是无价的，通过建立商学院，把原来的客情关系转变为师生关系，学生向老师采购是理所当然的。

这就是其魅力所在！如果企业此时能进一步提供托管服务、技术支持和服务支持，又怎能不吸引客户达成合作意愿呢？

当你如此行动时，各种潜在的商业模式便会涌现。你可以帮助这些渠道商进行统一采购，降低他们的成本；你还可以为他们解决资金难题，等等。你便成为他们的得力助手，各式各样的创新模式也会因此层出不穷。

当然，这些都要建立在企业本身能够成为行业标杆的基础之上。如果企业未能成为行业标杆，那么凭什么整合同行呢？如果企业自身都未能做好，那么凭什么整合渠道呢？

因此，企业建立商学院的第一步就是培养自己的人才，将自己打造成行业标杆。那么，企业商学院的基础是什么呢？

答案是精品课！

在与京东商城的京东大学校长马成功先生的一次交谈中，我询问了他关于京东大学目前面临的最大障碍是什么。他的回答让我更加坚信《大师是怎样炼成的》这本书的价值。他表示，京东大学目前最缺乏的就是精品课。他强调，如果京东大学每年能够拥有2~3门与企业战略紧密匹配的精品课，并且将这些课程做深做透，那么京东大学将达到一个相当完美的状态。

因此，行动教育重新定义了自己的使命：让每家企业都拥有自己的商学院。这一使命是我们发自内心向所有企业家传达的。我们衷心希望所有的企业家能够将企业视为学校，让员工成为导师，不仅将自己的企业做好，更要使之成为行业的典范。通过教学相长的方式，这个平台将传递知识，帮助更多的人、更多的企业、更多的渠道，整合更多有效的资源。

这不仅是行动教育的梦想，也是我的个人梦想。

我们还梦想着每位企业家都能成为自己企业的校长。王者一代帝王，师者百代帝王。

我们更希望每个人都能有成为大师的愿望！

- 只有这样，你才会全身心地投入工作，追求卓越，当你有所成就时，才会自豪地向他人分享你的成功实践；

- 只有这样，你才会珍惜每次学习的机会，因为你知道学习不仅是为了提升个人能力，更是为了将来能够输出自己的知识，为成为大师做准备；

- 只有这样，你的人生才会更加圆满，因为在这个世界上，大师总是最受人尊敬的；

- 只有这样，你的收入才会实现倍增，因为你的收入不仅来源于本职工作，还有知识输出的收入，甚至知识输出的收入会远远超过你的工作收入，因为你通过知识输出创造的价值和贡献已经超越了你的工作本身。

如果是这样，每个人一生中都应致力于追求"两个一"工程的目标。那么，是哪两个"一"呢？一本书，一堂课。只要你专精深，你的故事就是一本书，我坚信这会是一本畅销书；只要你专精深，你的故事就是一堂课，我同样坚信这会是一堂非常精彩的课。

因此，如果你还问我，除了行业领袖和企业家，你还想让谁看到这本书？

我希望的是所有有志于成为大师的人。

大师当然不是天生的，更不是随随便便就能炼成的。

大师要有专精深的精神，摒弃假大空。

大师要有钉子精神，而非轻易承诺、夸大其词、炫耀财富。

大师应当在某个岗位、专业、领域或行业中做深做透，成为典范，而非借助宗教、国学或大师之名谋求不义之财。

因此，如果你还问我，除了行业领袖和企业家外，你还想让谁看到这本书？

这本书不仅仅是关于"如何演讲"的书！

这本书也不仅仅是关于"如何设计课程"的书！

这本书是企业"如何进行知识管理和知识传承"的书！

这本书更是"如何使企业具有高知识含量竞争力"的书！

在这里，我首先要感谢行动教育董事长李践老师。正是他的大爱和无私，才使这本书得以出版。这本书解密了行动教育十年来的核心技术，同时，李践老师更是毫无保留地将他多年的经验与我们分享，并精心指导和修订了这本书。我们都有一个共同的愿望，那就是让每家企业都拥有自己的商学院。

其次，我要感谢行动教育那些受人尊敬的大师们，如高建华老师、付小平老师、陈军老师、张晓岚老师、江竹兵老师、艾庄周老师、许正老师等。他们不仅传播知识，授业解惑，更为行动教育的研发和品质提升贡献了巨大的力量。今天，行动教育领先的市场地位凝聚了他们的心血。同时，这本书的诞生也离不开他们背后的故事和付出，我衷心地感谢他们！

当然，我更要感谢的是我的研发团队，包括马妍、尤秀丽、汤筱君、范雯雯、陈桂彪、高雪、黄战营、张雪萍、戈志辉等。由于人数众多，我无法在此一一列举他们的名字。他们甘居幕后，默默付出，只为成就大师。没有他们的支持和努力，行动教育就无法拥有今天的核心竞争力。我要借这本书向他们表达崇高的敬意，感谢他们为行动教育的事业在幕后默默奉献。在本书的撰写过程中，马妍、陈桂彪、龙秀丽、范雯雯也积极参与了部分工作，再次感谢他们的付出。

其实，要感谢的人还有很多，尤其是行动教育的每位家人。他们对客户价值的坚守、对品质的执着追求以及对行动教育的守护，都让我们更加坚定地聚焦于课程品质的提升。正是因为他们赋予研发中心品质一票否决权，才成就了研发中心的传奇，感谢你们！

最后，我要感谢我的太太。我的第一稿是给她看的，她看完后问我，这本书的受众是谁，我回答说是给企业家看的。她说，如果给企业家看这样的书，他们会觉得太专业而难以阅读。她的建议对我来说至关重要，因此，我毅然决然地将第一稿全部废弃，并努力让每一句话都更加通俗易懂。正是她的提醒，激发了我的灵感，让我意识到读者读的不是这本书，而是我，是我们的研发团队，更是我们行动教育的精神和价值！

夏晋宇

写于2014年2月

目 录

大师是怎样炼成的

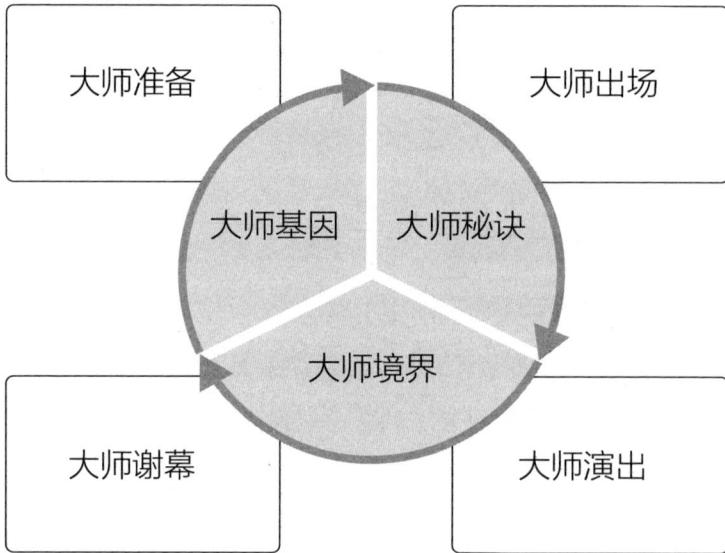

大师准备

大师出场

大师基因 大师秘诀

大师境界

大师谢幕

大师演出

夏晋宇大片课
一门课一个亿的方法论

一、课程大纲

（一）大片定位

找到钉子

大师论出发
大竞争出发
大痛点出发

（二）大片框架

传递信任

一脉相承
一剑封喉
一首诗词

（三）大片开场

决心改命

要去哪
好在哪
难在哪

（四）大片中场

挑战现状

锁定现状
打倒现状
成为现状

（五）大片收场

促使行动

一招制胜
一招精通
一招落地

（六）大片共情

懂你爱你

故事共情
语言共情
状态共情

（七）大片悬疑

跌宕起伏

悬疑提问
悬疑互动
悬疑反转

（八）大片销售

卖一个亿

磨钉子
卖钉子
打钉子

二、课程价值

- 掌握一套打造爆款课程的实操方法论

- 成为超级IP，成就超级影响力

- 穿透行业上下游，构建行业商学院

- 实现个人知识的进化与传承

三、授课对象

- 渴望打造课程销售过亿的名师

- 有志成为一代名师的企业家和高管

四、授课老师：夏晋宇

五、他们都在学习"夏晋宇大片课"

博商管理	大脑营行	金财控股	大成方略	昆仑定位	中旭商学
量子教育	时代华商	伯乐商学	一书一课	磨 学 院	凯洛格咨询
爱问咨询	沃盟经纪	北清经管	革兴咨询	界一咨询	德鲁克学院
汇成医美	美美咨询	和君咨询	汇成医美	中智盛道	安越财务
汉源餐饮	时代光华	国财集团	腾讯学院	商界联合	双童商学院
百 仕 瑞	仁脉教育	合肥工业大学	新商界全国高校联盟		

六、联系方式

夏晋宇大片课微信号　　　　　夏晋宇大片课服务号

第 1 章

大师背后

奇迹

你能想象从2006年开始，一个三天的课程每年可以创造1亿多元的销售额吗？

你能想象从2006年开始，一个三天的课程转介绍率高达85%吗？

你能想象从2006年开始，一个三天的课程售价从4 800元，涨到今天的23 800元，成为为数不多的跟上房价上涨速度的产品吗？

你能想象从2006年开始，一个三天的课程满意率始终保持在96%以上吗？

更神奇的是，这家公司从2006年开始，每推出一个课程，就抢占四个第一：

- 销售额第一，每年每个课程销售额5 000万元以上；
- 转介绍率第一；
- 客户口碑第一；
- 老师专业性第一。

这家公司如此的业绩是因为营销有绝招吗？

不是！这家公司的"营销力"曾被业界评为最差，甚至曾被一家国内知名的饲料公司老总批评：你们的营销手段还不如我们卖饲料的。

还有什么奇迹发生吗？

有！

- 跟这家公司深度合作的老师都是业界数一数二的，他们大多来自名企的高管，如曾任职惠普、苹果的高建华老师，曾任职复星集团的付小平老师，曾任职顺丰集团的陈军老师，曾任职通用公司的许正老师等。这些老师还有影响企业界的名著，如高建华老师的《笑着离开惠普》、付小平老师的《财务三驾马车》、许正老师的《与大象共舞：向IBM学转型》等。

- 在这家公司平台上的所有老师，都自愿与行动教育共享其课程的知识产权。这表示一旦离开行动教育这个平台，他们就不能讲授这些课程。而这些课程，对于这些老师而言，是他们毕生的心血和事业。那么，究竟是什么促使他们做出这样的决定呢？

- 这家公司至今执行的老师薪酬政策仍停留在2008年的水平，有些老师表示这样的薪酬政策缺乏吸引力，然而，又是什么在吸引着他们选择加入这家公司呢？

不靠营销发力，课程畅销多年！

不靠忽悠蒙骗，口碑始终第一！

不靠高薪拉拢，却能吸引一流导师！

这家公司叫什么名字？行动教育！

这家公司的秘密是什么？或许我们可以从那些被企业家誉为大师的老师们对行动教育的评价窥见一二。

我在管理培训咨询行业十几年，没想到在行动教育能够遇到这么专业的研发团队，他们的理念绝对是国际一流的。

——原惠普、苹果战略总监高建华

我如果要成立一家管理培训公司，第一件事就是要"干掉"夏晋宇，第二件事就是要"干掉"行动教育的研发团队。

——中国十大营销策划大师张晓岚

行动教育的研发团队才是大师中的大师！

——原复星集团财务总监付小平

行动教育是一家有使命感的公司，而最让我佩服的就是行动教育的研发团队！

——原顺丰集团营销副总裁陈军

和行动教育的研发团队合作，比写十本书还难，比讲十天课还辛苦！行动教育的研发团队至少提升了我的十倍功力！

——与行动教育合作过的老师

大师背后的大师

行动教育的秘密是什么？

就是行动教育的研发！

不靠营销发力，课程畅销多年的秘密是课程品质。让产品为自己代言，让产品为自己说话。

不靠忽悠，课程口碑第一的秘密是课程的实效性和行动力。

不靠高薪，吸引众多导师加盟，乐于分享知识产权的核心秘密是行动教育研发团队对知识的敬畏、治学的严谨态度，以及其独特的研发技术，这些特质给导师留下了深刻印象。

我们坚信品质为王。我们坚信一切都从伟大的产品开始。我们不仅聆听客户声音，更对产品精益求精，关注企业家在课程上的体验及课后的改变。

> 我们坚信品质为王。我们坚信一切都从伟大的产品开始。

如果把讲台比喻成舞台，那么老师就是演员，以李践导师为核心的研发团队就是导演。

我不敢说行动教育的研发团队是世界上最好的导演，但一定是最有精气神的导演。

很多人认为培训行业的知识研发华而不实，没什么了不起，浪费时间，但对于行动教育来说，这样的观点实在是大错特错，行动教育的研发才是决定一个老师能否成为大师的关键所在。

- 在当今的中国，很少有管理培训公司从创立之初就真正设立研发中心，并配备专业的研发团队，其规模和人数在企业中占据显著地位；
- 在当今的中国，很少有管理培训公司能够获得高达350多项的知识产权和专利，这一数量甚至超过了其他管理培训公司知识产权的总和；
- 在当今的中国，很少有管理培训公司专注于研究并形成了独特的"制造大师"核心技术；
- 在当今的中国，很少有管理培训公司每年投入近千万元作为研发费用。

行动教育做到了！

管理培训公司缺乏专业的研发团队，没有独特的研发技术，更别提研发的投入，其核心原因在于这个行业不成熟，这个行业的消费者不成熟。

自2000年以来，培训行业在中国得到了迅猛发展，这一发展势头主要得益于市场旺盛的需求。在这一时期，核心竞争力几乎完全依赖于名师的声望和能力，因此，当时的大多数培训公司并未意识到研发的重要性，更不用说成立专门的研发部门了。当这个行业的核心竞争力被名师所主导时，名师的身价自然也随之水涨船高，任何一家公司都难以完全垄断这些名师资源，于是他们就成了职业讲师。

这就意味着该行业的准入门槛极低，关键取决于是否拥有名师资源，并愿意支付高额薪酬。因此，很多培训公司采用的策略是用高价聘请市场上最有影响力的专家进行市场推广，采用会议营销方式，然后集合众多知名度不高的老师，为企业提供价格低廉的学习卡。初期，这种策略让这些培训公司取得了巨大的商业成功。然而，这些公司虽然在销售规模上取得了显著成绩，但实际上并没有真正的研发团队。他们的研发工作实质上只是寻找和对接老师，而具体的课程研发则完全依赖于老师，因此品质难以保证。因此，很多学员在购买学习卡时虽然投入巨大，但在学习过程中发现后续课程的品质低下，满意度极低，有种上当受骗的感觉。

另外，由于该行业起步较晚，尚处于发展初期，消费者也相对不够成熟，对敢于站在台上、口才出众的老师盲目崇拜。当时的情况是，只要你敢于站在台上，总会有一批粉丝听众；只要你敢于夸大其词、做出承诺，就必定会有追随者。

此时，很多老师的研发并非基于自身的实战经历，更不是依靠专业研发团队的精心策划，而是将主要精力放在抄袭、夸大其词和随意承诺上。因此，整个行业内抄袭和夸大之风泛滥，无所不用其极。加之很多老师对知识产权的尊重意识相对薄弱，导致了一些奇特现象的出现。例如：

- 二十岁出头的年轻人被奉为大师；
- 擅长表演二人转的人被奉为大师；
- 敢于在台上对学员嬉笑怒骂的人被奉为大师；
- 敢于在台上夸大其词、随意承诺的人被奉为大师；
- 敢于在台上编造自己的"神奇经历和财富"（事实上并非如此）的人被奉为大师。

而实际上，这些所谓的"大师"不过是将当时几位名师的课程进行简单组合，再融入自己的幽默元素、单口相声式的演绎和夸大其词的承诺，从而获得了巨大的商业利益。

正因为如此，很多管理培训公司在追求短期利益的驱使下，更加忽视了对研发的投入，对研发团队的建设，以及对知识产权的保护，这与国外管理培训公司的做法形成了鲜明的对比。

坚守客户价值

为什么行动教育会如此狂热、执着地在研发上大力投入呢？

源于行动教育最核心的信念——坚守客户价值。

坚守客户价值意味着做自己所讲，讲自己所做；意味着自己要成为实战导师；意味着要解决问题，确保行动，最终获得成功。

做自己所讲，讲自己所做

做自己所讲，讲自己所做，这是对客户负责任的最佳表现。在要求别人做之前，你自己做到了吗？你的行动有成效吗？如果连你都做不到，你怎么可能要求客户做到？如果一个课程讲的内容是规律和常识，那么毫无疑问它也应该是完全适合行动教育的。因此，在推出任何一门课程或推出任何一位大师之前，我们首先要确保行动教育本身能够践行这些课程内容。如果行动教育无法做到，那么我们必须重新审视并雕琢课程内容。

> " 做自己所讲，讲自己所做，这是对客户负责任的最佳表现。"

做自己所讲，讲自己所做，这实际上也是做人的诚信的体现。如今中国社会面临的某些问题，其核心在于诚信的缺失。例如，卖豆芽的人自己不敢吃豆芽，卖牛肉的人自己不敢吃牛肉，卖豆腐的人自己不敢吃豆腐，以及老人摔倒后旁边的人因怕受牵连而不敢上前搀扶等现象。同理，当前企业所遭遇的困境，其根源也在于企业家本人的诚信问题，无法做到身体力行，以身作则。

领袖凭什么能够整合同行？首先就是要把自己做好！企业凭什么能够整合渠道？首先同样是要把自己做好！

因此，我们期望真正的大师每说出一句话之前，应该问自己：这句话，你自己愿意听吗？你愿意按照它去做吗？如果连你自己都不愿意听、不愿意做，那么最好闭嘴。

我曾经在机场休息室观看一个VCD中的讲师在讲一个观点，主张对员工进行强激励，以激发他们全力以赴地工作。然而，在

员工获得这种强激励后，又担心其动力会减退，那么该如何应对呢？讲师建议采用各种手段诱导员工购买房产、车辆，使他们永远背负债务，保持对金钱的渴求，从而迫使他们更加努力地赚钱、服从管理。这个观点听起来颇具煽动性，尤其容易吸引某些草根企业家的注意。

但我负责任地说，这个观点实在是荒谬至极。暂且不论这个观点在理论层面是否站得住脚，我仅提出一个简单的问题：这位讲师会将这个观点应用到自己身上吗？会要求他的孩子也这样做吗？我猜想答案是否定的。既然自己都不会做，为什么又要强求他人去做呢？这确实非常不妥。从某种程度上讲，这种言论极其不负责任，严重缺乏商业道德。

我不知道有多少企业家因为听了这个观点而被误导，激发出了人性中的阴暗面。从VCD的画面来看，确实有很多学员在鼓掌、点头，仿佛找到了解决之道，但在我心中却感到一丝悲凉，这也反映了当前培训市场的不成熟和混乱。

那么，对于行动教育的研发团队来说，做自己所讲，讲自己所做，具体意味着什么呢？

他们不仅负责研发课程、培育大师，而且需要将这些最新的管理理念和策略在行动教育内部实施，同时还要密切追踪这些大师所传授的管理理念和策略在企业中的实际应用和可操作性。

因此，每当行动教育推出任何新课程时，行动教育的高管团队都会像其他企业学员一样，组团参加，因为我们坚持做自己所讲，讲自己所做。

实战导师

我们倡导顶尖企业家指导企业家，顶尖行业高手指导行业人士，顶尖专家传授专业技能，为什么呢？

因为我们不仅要向成功者学习专业技能，更要学习他们的思维方式和精神风貌。

成功并非偶然，特别是要跻身顶尖行列，更需要不懈的努力和精心的策略。向成功者学习，我们可以迅速提升自己的境界和视野，避免许多不必要的弯路。同时，这也是我们超越他们的途径。

因此，为了保证客户价值，实战导师是核心要素，我们把每个导师都看成行动教育最宝贵的资产。因此，我们对实战导师的选拔极为严格，我们注重的是质量，而非数量。与多数培训公司不同，我们采取了精品化策略，即"大片模式"。大片模式，顾名思义，就是追求高品质、精品化的教育产品。与其一年为企业家提供十门普通的课程，我们更愿意集中力量研发一门能深刻影响他们、真正改变他们的课程。

自2000年行动教育成立以来至2013年，我们的课程虽不足十门，但每门课程都保持着旺盛的生命力，每年的销售额均超过5000万元。同时，每门课程的开发都往1.0版（研修班）、2.0版（方案班）、3.0版（咨询式内训）、4.0版（软件化）发展。

为了保障行动教育的大片模式能够成功实施，我们为每门课程、每位导师都配备了相应的组织架构和团队，成立了相应的事业部，如赢利模式事业部、财务模式事业部、销售模式事业部等。同时，每个事业部都配备了总经理、班主任、课程经理、推广讲师、营销总监等职位。

所以，对于行动教育来说，引进一个老师，研发一门课程是头等大事。我们对课程的精益求精，对老师的精心选择都是谨慎的、战略性的、前瞻性的，都是以年销售规模上亿元为目标的。

对于我们来说，一门课程就是一个企业，就是一个产业。我们的目标就是和各行业里数一数二的企业联合，在这个行业的整个价值链中，创造一个新的价值点，即行业商学院。我们期待与行业标杆合作，利用我们的研发技术，结合行业标杆的最佳实践，向整个行业输送大师，提升整个行业的素质和竞争力。

> 一门课程就是一个企业，就是一个产业。我们的目标就是在行业的整个价值链中，创造一个新的价值点，即行业商学院。

这对于行动教育的研发团队来说意味着什么？

这意味着他们能否成功寻访到这些实战导师，以及他们如何吸引这些实战导师。我们将在第2章中详细讨论这些实战导师应该具备哪些基因。

解决问题，确保行动

客户价值导向的评判标准是什么？那就是要为学员解决问题，确保学员发生改变，确保学员产生行动！

> 客户价值导向的评判标准是为学员解决问题，确保学员发生改变，确保学员产生行动！

很多人问我们，为什么民营企业家对行动教育这么忠诚，不仅是粉丝，而且是钢丝？当然不是因为他们迷信，更不是因为他们被洗脑了（这么说也太荒谬了，因为行动教育的课程全部都是围绕科学管理而展开的），而是因为这些企业家在听完课程后，成功解决了他们在企业经营过程中遇到的各种问题。甚至有的企业家分享说，在学习后的三个月内，每当遇到难题时，他们脑海中会自然而然地浮现出解决问题的方案，而这些方案正是行动教育的大师在课堂上所讲的，深深地烙印在他们的思维模式中。于是，他们不禁感叹行动教育的老师之伟大，他们提供了一套清晰且实用的方法论来协助解决问题。尽管许多培训公司也声称自己的老师最具实战经验和实效，但很少有像行动教育那样给予学员真正解决问题的体验。

那么，怎样确保学员发生改变？

- 首先要精心准备，精心设计，精心策划。要准备大痛点、大师论、大课题，我们将在第3章"大师准备"中有详细论述。

- 在精心准备后，一定先要让学员的思维发生改变。行动教育独创了一套方法论——痛点教学法，我们将在第4章"大师出场"中有详细论述。

- 在学员的思维发生改变后，学员就会行动吗？不一定，这取决于是否有方法。行动教育独创了一套方法论——实效教学法，我们将在第5章"大师演出"中有详细论述。

- 学员思维改变了，方法也有了，一定会行动吗？不一定，这取决于学员的决心。行动教育独创了一套方法论——行动教学法，我们将在第6章"大师谢幕"中有详细论述。

- 当然，真正的大师是有技巧的，要确保大师从出场到谢幕完美演出，大师必须掌握一些秘诀。我们将在第7章"大师秘诀"中有详细论述。

- 大师是容易过时的，大师之所以能够成为大师，是需要孜孜以求的，只有这样，才能真正给客户创造持续价值。我们将在第8章"大师境界"中有详细论述。

大师模型

图1-1就是制造大师模型，即大师炼成的过程。这个过程涵盖大师准备、大师出场、大师演出和大师谢幕四个阶段。要确保这四个阶段完美演绎，取决于三大基础：大师基因、大师秘诀和大师境界。

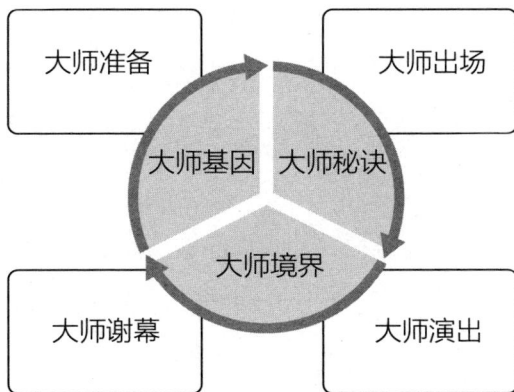

图1-1　制造大师模型

主导制造大师整个过程的就是行动教育的研发团队。正是这些大师背后的大师，甘于平凡和幕后，成就了众多企业家眼中的大师。

- 他们用执着和坚守，不畏权威，从而影响、改变了众多企业家眼中的大师。
- 他们用渊博的知识和专业技能，征服了众多企业家眼中的大师。
- 他们敬畏知识、严谨治学，以独特的研发技术，创造了众多大师背后的传奇故事。

示例

→ **示例一** 国内一位知名讲师想与行动教育合作，特别邀请我们的一位研发工程师去考察他三天的课程。第一天上午的课程刚结束，这位知名讲师就问："我的课讲得怎么样？请你一定给我提点建议。"

行动教育有个原则，即课程还没结束，一般不给建议，也不做反馈，担心影响老师的心情。但是这位知名讲师很有信心，因为他来自国际上非常知名的快餐连锁机构，很有实战经验，所以他说："没关系，你直说，我一定改进。"

我们的研发工程师实在拗不过他，就根据上午的课程指出了其中的53个问题。可以明显看出，这位讲师的脸色由白转红，午饭也没吃好，情绪有点激动。我们的研发工程师非常不好意思，觉得合作肯定没戏了，就提前回公司了。没想到，这位知名讲师在三天课程结束后，当天就飞到上海行动教育总部，表达了强烈的加盟意愿。

→ **示例二** 行动教育每发布一门新课程，从需求调研、项目研发到小范围试课，再到正式推广，都有一套非常完善的研发流程。根据研发流程，在小范围试课以后，研发中心会根据客户的反馈表，召集课程改进会。

最近，有位新老师刚加入行动教育，其课程得分相对较低。这位老师原先在另一家培训公司讲课，据说在那个平台上享有很高的知名度，并深受企业家的好评。因此，这位老师对改进课程并未给予足够的重视，认为自己的课程已足够出色，需要改动的地方并不多。

然而，当行动教育的研发工程师给出反馈不到十分钟时，这位老师开始安静下来；课程进行到半小时，老师明显前倾身子，取出了平时不常用的笔记本开始记录；待课程进行到一小时，这位老师的脸上开始冒汗。为什么呢？原来，这位研发工程师正在讲课，而他所讲的内容正是这位老师的课程。

具体来说，研发工程师在听完这位老师的一堂课后，居然能够从头到尾地讲解这门课程，而且其授课效果比这位老师还要好、还要精彩。更令人印象深刻的是，研发工程师还指出了课程中的具体细节，包括哪句话应该讲，哪句话不应该讲，以及应该如何表达需要讲述的内容。

从此以后，每当召开课程改进会时，这位老师都表现得非常积极。

➡ **示例三**　行动教育每位老师在每次课程结束后，都会获得一个课程得分，这个得分是根据学员的评分来确定的。在行动教育内部，每门课程的及格分被设定为92分，每少一分，授课者需要赞助5000元。

有一次，行动教育的一位老师获得了91.5分。这位老师对于支付5000元并不在意，但在意的是面子问题，因此他认为我们的评分标准存在问题。更令人困惑的是，这位老师的课程转介绍率高达90%，远超其他课程。特别是有一位企业家学员现场赠送了999朵玫瑰以表达感谢，但行动教育的评分却将其评定为不及格。对此，这位老师难以接受。

面对此情况，我们的研发工程师并未多言，拿起白板笔就开始讲。讲完后，研发工程师诚恳地告诉这位老师，如果按照行动教育的标准打分，他的得分不是91.5分，而是不及格，仅为59分。当时，这位老师的助理也在场，老师面色未变，但助理的脸色变得煞白，他担心老师会因此生气。然而，出乎意料的是，这位老师主动表示，在听其讲完后，他也给自己打了分，同样是不及格，并表达了对研发工程师的感谢，承诺会进行改进。

示例还有很多，其中最不可思议的就是我们曾尝试邀请一位业界资深的专家加盟行动教育。然而，根据我们的研发流程，所有老师，无论他们在市场上如何知名、如何成功，都必须接受我们研发工程师的面试。这对他来说难以接受，但最终他还是勉强同意了。

出乎我们意料的是，在研发工程师问了他5个问题后，他坚定地决定与行动教育合作。在面试之前，他表现得非常排斥，认为自己应该与行动教育的董事长直接对话，而非接受一名普通研发工程师的面试，感觉受到了轻视。但经过这5个问题的提问后，他深刻认识到行动教育是一家充满使命感、精气神的公司，真正以客户价值为导向，且秉持正直原则。

那么，这5个问题究竟是什么呢？在本书的第2章"大师基因"中，有非常详细的描述。这5个问题确实极具启发性，值得我们深思。

行动教育的核心竞争力在于其研发技术，一家缺乏研发技术的培训公司未来将难以获得任何竞争优势。行动教育对未来充满信心，因为我们坚信自己的研发技术必将大放异彩。未来，行动教育的产品规划和战略也必将围绕其核心研发技术展开，因为这是我们的强项。

正如我在前言中所提到的，行业领袖要想整合行业，就必须用知识去整合，通过构建行业商学院这一平台去整合；企业要想整合渠道、加强营销实效，也必须利用知识，构建渠道商学院这一平台。所有这一切，都需要我们精心设计、认真研发。行动教育的研发技术不仅为自身带来了成功，也必将助你一臂之力，助你打造核心竞争力。

行动教育的核心竞争力就是它的研发技术，一家没有研发技术的培训公司未来不可能再获得任何竞争优势。行动教育对未来充满信心，因为我们坚信自己的研发技术一定会大放异彩。未来行动教育的产品规划和战略，也一定会基于行动教育的核心研发技术，因为这是我们的强项。

正如我在前言中提到的，行业领袖要想整合行业，就必须用知识去整合，借助构建行业商学院这个平台来实现整合；同样，企业要想整合渠道、加强营销实效，也必须利用知识，通过构建渠道商学院这个平台来进行整合和营销。所有这一切的实现，都需要经过精心的设计和认真的研发。行动教育的研发技术不仅使自身取得了成功，也必定能够助你一臂之力，帮助你打造强大的核心竞争力。

> " 行业领袖要想整合行业，就必须用知识去整合。"

笔记

第 2 章

大师基因

师者文化

王者一代帝王，师者百代帝王。

——毛泽东

从这句话中，我们完全能体会到对圣贤的尊敬。

为什么圣贤、师者在中国会有这样的地位呢？

因为中国缺乏严格意义上的宗教信仰，我们不像西方或美国，从小受到宗教的洗礼。在国外，不论是基督教、天主教，还是伊斯兰教，它们都有严密的组织和规范，对国民的影响较为深远。而在中国，虽然也有佛教和道教，但这两大宗教对国民的组织和规范相对较为松散。在这种情况下，历代帝王推崇的儒家思想千百年来实质上取代了宗教的功能（因此，它有时也被称为儒教）。

对于中国人来说，儒学不仅是一套完善的理论体系和观念形态，更是一种信仰的支柱和生活意义的依据。因此，孔子、孟子及历史上的古圣先贤在中国人心目中成为神圣的偶像，凝聚了中国人的集体无意识。

而儒学的核心文化中，首推的就是帝王与师者文化。在古代官场，获得晋升和提拔往往不看重家族背景，而更看重师生情谊。也就是说，中国的历史环境决定了大部分人不信基督教，也不信佛教，更难信伊斯兰教，大部分人信奉的是"师道"。

所以，一旦某个人被冠以"师者"之名，那么这个人就会拥有追随者，会受到尊敬，受到追捧！

今天能够走上讲台的老师，一方面是幸运的，被赋予了光环；但另一方面，其肩负的责任也是重大的。因为你需要对所说的每句话负责，不仅要授业解惑，还要传道——传播正确的价值观，给予学员正能量，端正他们的学习态度，唤醒人性中的善，而非激发人性的恶！

换言之，如果台上的老师本身人品有问题，那将是极其可怕的。这样的"大师"其恶劣程度，甚至可能远超杀人犯，因为他们错误的观念和思想会像病毒般扩散，影响众多学员，给个人带来灾难，给社会造成极其不良的后果。

然而，由于整个培训行业的不成熟、消费者的不成熟，以及中国特定的历史文化背景，一些所谓的"大师"便趁机利用自古以来人们对"师者"的尊崇与信仰，传播扭曲的思想，将自我神化与个人崇拜推向极端，更有甚者，还披上宗教的外衣，其行径越发令人担忧。我曾观看辽宁电视台的专栏节目《老梁观世界》，其中《机场的大师》一期便深刻揭露了此类现象，令人触目惊心。

我还曾读过一则报道，讲述某企业家对一位老师崇拜至极，居然偷偷饮用老师未喝完的水，深信这样做就能汲取其能量与智慧，此举实在匪夷所思，难以置信。

> " 走上讲台的老师说的每句话都一定要负责，不仅要授业解惑，还要传播正确的价值观。"

我们眼中的大师

那么，什么样的人在我们眼中具备"大师"潜质？

是那些口若悬河的人吗？

是那些口才出众的人吗？

是那些位居高官的人吗？

是那些家财万贯的人吗？

是那些知名耀眼的人吗？

是那些教授权威吗？

我们完全不这么认为。

中国管理培训行业初期较为混乱，行业与消费群体的不成熟，导致人们盲目崇尚口才、地位、财富、知名度等。

如果在今天有人说他是大师，他可能会被嗤之以鼻。在美国，真正称得上大师的是彼得·德鲁克、吉姆·彼得斯、菲利普·科特勒之类的人。但是，今天我还是要冒天下之大不韪，把那些真正做出卓越贡献、影响很多人的老师称为大师。那么，这些大师具有什么基因呢？

我们眼中的大师必须具备两大基因：

- 专精深精神
- 成为典范

专精深精神

所谓专精深，就是在某个领域能做到一米宽，一千米深。用李践老师的话说，就是钻油理论。石油是怎么钻出来的？就是找到焦点，专注，集中人力、物力，长期坚持，直到打出油！

> 所谓专精深，就是在某个领域能做到一米宽，一千米深。

如何衡量一个人是否具有专精深精神呢？就看这个人在某个领域的工作、研究年限有多长。要想成为大师，最起码要有5年，甚至10年以上的专注（行动教育的标准是15年）。

从这个意义上讲，每个人都有成为大师的潜质。唯一要自问的是：我专注的是哪个领域？我在这个领域里专注5年以上了吗？

即使一个普通的工人，在某个工序如果做了5年以上，他也绝对具备了大师的潜质。

专精深精神听起来简单，做起来却难。

因为外面的诱惑很多。当你专注于一件事的时候，很多人可能会打击你，嘲笑你，诱惑你。

因为人类的本性就是喜新厌旧。我们不喜欢重复做一件事，也不喜欢在一件事上做到极致，对这件事聚焦式地创新。我们喜欢什么呢？我们喜欢今天做这个，明天做那个，这件事还没做好，就去做那件事。

李践老师的管理精髓"一米宽，一千米深，甚至一万米深"的反面，就是如果一个人没有钻油井的精神，只能是一千米宽，一米深，就绝不可能成为大师。

行动教育提倡每位员工都要有自己的一门课、一本书，每位员工都应该成为大师。很多人认为，这怎么可能？

有没有可能取决于你有没有钉钉子精神。你在行动教育是一直在一个点上钉钉子，还是钉了好几个钉子？例如，你是做销售的：

- 如果你的撒手锏是电话销售，那么你就把电话销售练到极致，你一定是电话销售大师。
- 如果你的撒手锏是关系营销，那么你就把关系营销练到极致，你一定是关系营销大师。
- 如果你的撒手锏是营销信，那么你就把营销信练到极致，你一定是营销信大师。
- 如果你的撒手锏是做客户服务转介绍，那么你就把客户服务转介绍做到极致，你就是转介绍大师。

你的经验、收获、方法、策略和故事就可以写成一本书；

你的经验、收获、方法、策略和故事就可以成为一门课；

你的书和课必定成功、大放异彩，因为你就是大师。

成为典范

有专精深精神，就一定能成为大师吗？

不一定，你还要成为典范！

你不能仅用时间去衡量，很多人炒了一辈子菜，但未必是一级厨师。

在某个领域专精深5年以上，不是把自己当机器、当工具、当某个流程的一个点，而是要在这个领域里不断反省、钻研和创新，最终要创造出典范，也就是最佳实践。换句话说，即使你是一个普通的工人，做某道工序，但是如果你仅仅把自己定位成机器、工具，你永远成不了大师，除非你对这道工序不断反省、钻研和创新，并形成自己的一套方法论，你才能具备大师的潜质。

因此，正如我在前言中提到的，那些领袖企业之所以能够成为行业标杆，必然是因为它们掌握了众多成功的关键点。从这些关键点中提炼并整理出的知识，无疑构成了我们学习的最佳典范！

同时，如果一家企业能够真正认识到典范的意义，就能专注于打造自身的标杆地位，通过这一过程不断积累知识，并最终整理出最佳典范。这些知识一旦得到传播，不仅将成为强有力的营销工具，更有可能吸引并撬动庞大的资源和资本！

当然，要想成为大师，不仅要成为专业典范，还要成为人格典范！

一个在人格上有缺陷的人，其职业生涯往往难以持久，更难以赢得他人的尊重。

如果用"专精深精神"与"典范"这两个标准去衡量现今市场上的培训老师，你就能深刻体会到这个行业的水深莫测，诸多令人不可思议的现象在其中悄然上演。我曾目睹一位专长于心态教学的老师，然而据我了解，她自身的心态却远非她所传授的那般平和，以至于众多曾辅助她的助理、导服人员均不愿再次与她合作，她更换助理的频率异常之高。我不禁思考，如果她自身从未在心态领域实践修炼，那么无论她学识如何渊博，嗓音如何富有魅力，表演技巧如何精湛，乃至当前成就多么辉煌，最终恐怕都难逃失败的宿命。

曾经一位客户寻求经销商培训讲师，朋友向我推荐了一位，声称其专长于经销商培训。我闻之甚喜，随即安排会面。会面过程中，我们相谈甚欢，他亦展现了自己的独到见解。然而，在即将告别之际，我顺口问及其年龄，得到的回答让我大失所望——他年仅28岁。

基于这一发现，我当即决定取消此次经销商培训计划。原因何在？无论这位讲师展现出多么非凡的能力，如果缺乏在某一领域内十几年乃至更长时间的深厚积累，他又如何能够胜任为他人传授经验的角色呢？或许有人会提出异议，举例某些培训公司规模宏大，且其掌舵人是"80后"，课程广受好评。但从一个专业研发者的视角出发，这恰恰反映了培训市场不成熟的一面。我并非否定"80后"担任企业领导者的能力，但坚决不认同一位"80后"领导者去指导其他企业家如何经营企业，这样的做法，在我看来，实在是令人担忧。

但现实情况表明，这就是培训行业的现状！究竟是怎样的现状呢？

第一，老师学历低，言辞空洞无物。

第二，老师资历浅，却常显露出"无知者无畏"的态度。只要你敢于站上讲台，就总不乏盲目追随的粉丝。正是这股消费者的盲目崇拜之风，催生了一大批实则腹中空空、自封大师的个体。

第三，老师随意承诺，例如"只要跟随我，复制我的成功模式，你一年内就能跻身千万富翁行列"。

第四，老师走偏门，利用催眠术等争议性手段。

我曾亲历一次会议现场，目睹一位企业家极力推崇一位所谓的"大师"。他如何描绘的呢？声称这位大师不仅精通中西文化，对国学有深厚造诣，还能巧妙地将之融入商业文化之中。紧接着又透露，这位大师是"80后"，有着令人称奇的经历。我听后不禁愕然，心中暗自嘀咕：这怎么可能？除非这位大师超脱凡尘，否则，他这样的成就显然违背了常理与自然的成长规律。

大师必须过的五关

真正想要在行动教育这个平台上成为大师的人，他必须过五关、斩六将。即使这个人再有影响力，知名度再高，我们也会遵守我们的标准，我们绝不迷信权威！我们敬畏的是知识，是客户，我们更坚守严谨的治学态度，尤其不会放弃我们的实效研发技术。

过哪五关呢？

第一关 简历关

第二关 基础关

第三关 专业关

第四关 实践关

第五关 大师关

第一关 简历关

简言之，就是用两个标准去评估他：他有专精深精神吗？他是成功典范吗？

第二关 基础关

评估有四个要点：形象、普通话、表达能力和正确的价值观。

为什么形象很重要？因为我们发现，一个在某领域沉淀5年以上的人会自然散发出一种气质和自信，以及无法用语言描述出来的气场和权威。我们在此说的形象不仅指外表，更注重内在气质。

让我印象深刻的是原顺丰集团营销副总裁陈军老师。我们初次见面是在一个极为随意的场合，经由一位朋友的引荐，我与陈

军老师得以相识。由于是初次见面，我们双方自然而然地交换了一些客套的话语。那时，我注意到他言语间带有一丝稚气可掬的结巴，这并未让我预见到未来会将陈老师引入行动教育平台的可能。尽管如此，我还是以礼相待，诚挚地邀请他前来参观我们的公司。

然而，次日陈老师的表现却让我和李践老师深感震撼。一旦谈及他的专业领域，他竟毫无结巴之态，那份自信与热情仿佛是与生俱来，自然而然地洋溢而出。见状，我和李践老师当即诚恳地邀请他加入行动教育。

在基础关方面，我们实际上投入最大精力且最为重视的是老师的价值观。关键在于什么呢？在于审视这位老师授课的初衷，是出于个人的使命与梦想，还是仅仅以营利为目的，抑或是有其他不良动机。一个唯利是图的老师，其职业生涯定难长远，更令人忧虑的是，这样的老师可能对学员不负责任，乃至对社会不负责任。

> " 一个唯利是图的老师，其职业生涯定难长远。"

当前，众多管理培训公司的出发点与做法确实值得商榷，社会各界对此争议不断。例如，有的公司采用直销模式推广管理培训产品，即将客户发展为自身的销售代理；有的则打着管理培训的旗号，实则涉足资本运作；更有甚者，直接向学员坦言，其核心业务并非培训，而是资本运作或圈子经营。对于这样的管理培训公司，其能否实现持续且健康的发展，确实令人质疑。

我们并不反对玩圈子，也不反对撬动资本，但我们反对的是缺乏对知识的敬畏之心，反对的是缺乏严谨的治学态度，反对的是他们对培训行业的践踏！如果课程很棒，老师很棒，让学员去玩圈子，撬动资本，当然可以价值最大化！

第三关 专业关

专业关怎么过？实际上如果能够回答5个问题，就可以过关了。这5个问题看起来非常简单，但环环相扣。在前面我们谈到的那位老师，就是因为这5个问题，被震撼了。这5个问题考的是什么？

考的是这个人有没有功底，俗一点儿说，就是有没有料。

考的是这个人在这个领域有没有钻研精神。

考的是这个人有没有专业高度。

这5个问题是什么呢？

- 你觉得你在哪个领域研究得最深入、最擅长？对这个领域里的哪个模块最擅长？
- 你觉得在这个领域里，中国企业普遍面临的障碍是什么？
- 你的解决方案是什么？有没有什么独特性？
- 具体怎么做呢？
- 你自己有过成功的经验吗？你能具体描述一个案例吗？

你是不是觉得很简单？

但我的经验告诉你，每个问题都不简单。

1. 你觉得你在哪个领域研究得最深入、最擅长？对这个领域里的哪个模块最擅长？

很多自诩为大师的人，当被问及在哪个领域研究得最深入、最擅长时，他们的回答往往令人瞠目结舌。他们会告诉你，他们在任何领域都是大师，无所不通，无所不精。他们甚至可能自夸其能力非凡，因为如果他们只精通一方面，而不是面面俱到，就无法达到今日的地位。

然而，事实果真如此吗？答案显然是否定的。如果一个人真的无所不能，那其他人的存在岂不是多余？他大可独揽所有工作。那些声称"我什么都擅长"的人，其潜台词实际上是在说"这个世界其他人都是多余的"。

这显然违背了常识和规律，也不符合专业精神。要成为大师，成为典范，不仅要在某个领域有长时间的研究，还要有长时间的实践。

> 要成为大师，成为典范，不仅要在某个领域有长时间的研究，还要有长时间的实践。

然而，人的精力和时间是有限的，不可能做到在所有领域都精通。因此，我在挑选导师时有一个原则：如果他们在5秒内不能回答出自己最擅长的领域，或者回答是"样样精通"，我通常就不会再继续探讨后续话题。这种做法或许有些极端。

甚至，我还会针对这个问题连续提问三次，以检验他们是否具有专精深精神。例如，我通常会这样提问：

- 你在哪个领域最擅长？
- 对这个领域里的哪个模块最擅长？
- 对这个模块里的哪部分内容最擅长？

实际上，一个人确实有可能成为多面手，但前提是，他必须在某个领域已经达到了专精深的境界。这是因为，许多理论本质上是常识，而在不同的领域中，这些道理往往是相通的。例如，一个科学家有可能同时成为音乐家，因为真理往往简洁明了。最终你会发现，任何一个领域的顶尖人才往往在其他领域也有所建树。

2. 你觉得在这个领域里，中国企业普遍面临的障碍是什么？

在这个领域里，如果你的客户主要是民营企业，你可以询问："中国民营企业在你研究的这个领域面临的最大挑战是什么？"

这个问题的实质是探究他对这一领域研究的深度和广度，以及他对领域的理解程度。

通常，那些缺乏研究和实践经验的人在这个问题面前会显得迷茫。如果这个人无法回答，这表明他可能根本没有进行过研究，或者研究不够深入，他所谓的理论和方法可能是抄袭的，或者是凭空想象的。

如果回答过于冗长，这可能意味着他的研究只停留在表面，远未达到大师的水平。为什么这样说呢？因为如果他连领域内的问题都不清楚，你又怎能相信他提供的解决方案呢？这是非常危险的，而实际上，像这样的导师并不少见。

曾经，有一个机构向我推荐了一位老师，称他表现不错，曾担任TCL的高级管理人员。这让我对这位老师产生了浓厚的兴趣，于是我特意从上海飞往广州与他见面。他的简历整体上非常出色，形象也给人留下了良好的印象。然而，在询问他关于研究领域中中国民营企业面临的最大障碍时，他始终未能正面回答，而是反复强调他的研究成果和研究模型。由于这个原因，当时我们并未达成合作意向。尽管如此，我怀疑可能是我和他之间的沟通存在问题，于是我参加了他随后的课程。遗憾的是，课程的系统性不完善，逻辑性不强，实效性不足，案例分析也不够深入。我认为，核心问题在于这位老师没有准确把握研究领域的焦点，

未能抓住学员的注意力，导致课程内容显得零散。后来听说这位老师不再讲授课程，转而从事咨询工作。我想，如果未能找出研究领域的核心问题，即使从事咨询工作，也会面临巨大的挑战。

怎样的回答可以初步判断一个人是真正的大师呢？

那就是当他回答完毕后，你感到激动不已，充满好奇，急切地想要问他："你怎么解决这个问题？你的解决方案是什么？请务必告诉我！"

如果你有这样的反应，那么毫无疑问，这个人就是大师。如果出现这种情况，销售就会变得简单。真正的大师不需要别人吹捧，只需向客户展示他们面临的最大障碍，客户就会主动来找你。如果很多人对你的介绍无动于衷，那可能是因为你指出的障碍并不是他们的真正障碍，或者你指出的障碍并没有触动他们的痛点。这与销售的原理是相同的。客户为什么不购买你的产品和服务？那是因为你的产品和服务并不是他们所需要的。

我印象最深刻的是高建华老师。我们第一次见面是在萧山，当我描述了培训行业的现状后，他立刻指出了培训行业的核心问题所在。因此，那个周末我飞往北京参加了他的一个战略课程。

3. 你的解决方案是什么？有没有什么独特性？

这个问题反映了什么？关键是看这个老师有没有自己独特的方法论，有没有自己的感悟。

任何方法论的形成，要反复经历"学习—实践—改进—总结—规律化"这个循环过程（见图2-1）。

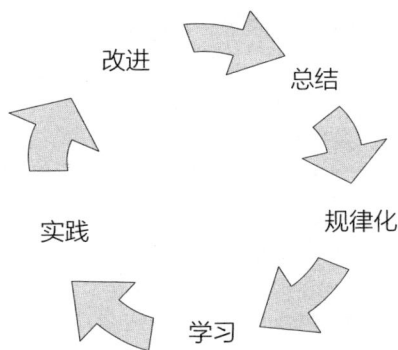

图2-1 方法论形成过程

有的人干了一辈子管理，没搞清楚管理是怎么回事；

有的人干了一辈子生产，没搞清楚生产是怎么回事；

有的人干了一辈子品质，没搞清楚品质是怎么回事；

有的人干了一辈子研发，没搞清楚研发是怎么回事。

为什么会这样呢？就是不善于总结、归纳、学习和改进，缺乏实践精神，不会发现规律、总结规律。就如我在前面说的，很多人天天炒菜，但未必会成为大厨。

4. 具体怎么做呢？

为什么要问这个问题？这个问题至关重要，它能够检验这个老师的研究深度，判断他是亲身参与到实际工作中，还是仅仅停留在理论研究层面。

那么，如何判断这个问题的回答是优秀还是不足呢？关键在于这个老师的回答是否具体，是否具有可操作性。许多人的回答过于抽象，无法转化为实际行动。

有一个讲授企业文化的老师，我向他询问企业文化如何具体实施落地。

他回答，需要通过培训和教育来实现。

我再问，那么具体应该如何进行培训和教育呢？

他回答，应该实施"一把手工程"。

我再问，具体如何实施这个"一把手工程"呢？

他回答，需要通过培训和教育来实现。

我再问，具体培训和教育应该如何进行？

他的回答依旧是，要进行"一把手工程"。

这就是典型的"二传手"老师。什么是"二传手"？指的是那些可能只是听说过，或者从书本上看到过，并没有真正经历过实践的人。尽管如此，他们在市场上却拥有不少追随者。

那么，具体应该如何问这个问题呢？我至少会连续追问5个"怎么做"。

真正的大师在被这样连续追问时，起初可能会感到有些不耐烦，但随后他们会对我们产生敬意，因为这个过程会促使他们进行自我反省和深入思考。而大多数老师如果经受不住这5个"怎么做"的连续追问，那么他们也不太可能成为真正的大师。

有一位IBM的前资深高管，在面对5个"怎么做"的追问时，即便他见多识广，也显得有些不知所措。可能他没有做好充分的准备，或者从未遇到过如此深入的提问，这让他感到有些困惑。原本他计划与我们合作开展一个课题，但没料到我们对课题的认真程度，后来他给我打了一个电话，非常诚恳地表示，他意识到自己过去有些自负，发现还有很多值得学习的高人，他需要更多

的锻炼和学习，希望将来能够加入行动教育。

大多数老师实际上难以与行动教育这个平台合作。他们中有些人在市场上享有盛誉，也得到了一些学员的追随，但一旦涉及具体的实施方法，往往就力不从心，课题开发难以为继，最终选择放弃与行动教育的合作。

行动教育实际上对待老师是非常开放的，只要你有真才实学！遗憾的是，在市场上有真才实学的老师少之又少，能被我们看上的更是凤毛麟角。

正因为如此，我们才期待与行业领袖企业一起打造行业商学院！

5. 你自己有过成功的经验吗？你能具体描述一个案例吗？

问这个问题的目的是检验这位老师是否言行一致，他所言是否真实可信。

在这一过程中，我们实际上考察的不是案例本身，而是他在讲述案例时的状态。他是否表现出兴奋，甚至极度激动。通常，那些有深入研究的老师在谈论自己亲身经历时会显得非常激动，因为那一定是他们最辉煌的时刻，也是他们对人生最有深刻感悟的时刻，这种时候他们最能感染和打动人心。

以上这5个问题紧密相连，不仅可以用于验证一个人是否真正的大师，企业在招聘高管时也可以采用这5个问题进行面试。这无疑会给很多企业老板和人力资源专业人士带来很多收获。

第四关 实践关

过了专业关，就可以了吗？当然不行，还要过实践关。

正如我们之前所提到的，如果我们讲的是某个领域的专业知识，那么它一定遵循一定的规律，这些规律也是普遍认可的常识。既然是规律和常识，那么它们无疑也可以应用于行动教育中。因此，我们会要求老师首先在行动教育内部实践他们的研究成果。

为什么必须先在内部实践呢？毫无疑问，这是对客户价值的最大保障，因此实践关是检验老师的方法。此外，这也有助于销售，因为只有当我们的员工亲身体验了老师的这套系统之后，他们才能清晰地向客户解释，并有信心将课程销售得好。例如，行动教育正在实施的4×5销售管控系统和五星评定，正是陈军老师课程的核心内容。只有我们的一线员工亲身实践了这套销售管控模式，他们才能清楚地向客户介绍，并敢于为客户提供服务和指导。

具体怎么实践呢？

首先，我们要求老师在行动教育内部进行首次讲课。讲课结束后，由相关部门制订具体的行动计划，并聘请老师作为顾问，以便在实施过程中遇到挑战时，能够随时获得老师的支持和指导。

接着，我们要求在与我们关系密切的客户那里进行试点。

我们曾经有一个文化类课程，其中包含一些工具，如内部传家书，以及四新会和三欣会。但我们自己在实施过程中发现难以持续。为什么会这样呢？因为四新会变成了攻击他人的工具，而三欣会则变成了相互吹捧的场合。而且每个月举行一次，到后来，大家讲的内容都变得雷同。

如果我们自己都无法做到，又怎能期望客户做到呢？然而，为什么有些企业能够做好呢？通过研究和实践，我们发现他们的三欣会和四新会都是围绕公司的核心价值观来进行的，而不是为了欣赏而欣赏，为了批评而批评。因此，我们要求对课程进行改进。正是通过我们自己的不断实践，我们最终确保了我们提供的方法和策略的有效性。

实践精神实际上是以客户为导向的体现。现在很多人的问题是自我导向的。例如，他们会说："我的方法这么好，你就应该去应用。"然后当你问他们自己是否使用时，他们会说："我不用，但你应该用。"这就是典型的不以客户为导向的老师。

> 实践精神实际上是以客户为导向的体现。现在很多人的问题是自我导向的。

我们曾经举办了一次规模庞大的论坛，邀请的嘉宾都是企业家。因此，我们计划为每位企业家准备一份礼物。策划者建议为每位企业家定制精致的横幅，上面写上一些鼓舞人心的话语，以悬挂在企业家的办公室。当这个方案提交给我时，我询问策划者，如果横幅送给他，他是否会挂在自己的办公室。他回答说不会挂，我进一步追问，你确定不会挂吗？他说他肯定不会挂。我对他说，如果你自己都不愿意挂，为什么还要让企业家带着这么重的东西回家，并且还要挂在办公室里呢？自己不想要的东西，却希望别人要；自己不愿意做的事情，却要求别人去做，这难道不是很荒谬吗？

很多老师的课程，我听完之后常常立刻离开，因为它们缺乏基本的常识，有时甚至可以用荒谬来形容。然而，这些老师仍然敢于讲授，有时候真的让我不得不对他们的勇气感到佩服。

第五关　大师关

过了实践关之后，老师面临的是最后一关——大师关。这一关是最具挑战性的，很多老师虽然成功通过了前四关，但在第五关时却难以继续前进。因为这一关考验的不仅是专业技能，更是严谨的治学态度。

> **过大师关的标准是听得懂，学得会，用得上。**

那么，如何通过大师关？评判的标准又是什么呢？

可以用三句话来概括：听得懂，学得会，用得上。

这三句话听起来似乎非常简单，但要真正实现它们，实际上非常困难。

1. 听得懂

什么是听得懂？检验的标准可以用一句话来描述：如果你把内容讲给你的母亲听，她能否听得懂？同样，如果你讲给你的孩子听，他能否听得懂？

有人可能会疑惑，我的内容是面向专业人士的，为何要讲给母亲和孩子听？

我们的经验告诉我们，如果你的母亲听不懂，专业人士也听不懂；如果你的孩子听不懂，专业人士同样也听不懂。

为什么会这样？

因为一个老师本身就是专业人士，并且在这个领域已经深耕多年，所以往往容易陷入专家思维。专家思维的一个典型特征是，将所有人都看成与自己同等水平的专家。然而，你之所以成为专家，是因为你在某些方面比别人研究得更深。如果你仅从自己的角度出发，就可能出现沟通障碍，双方无法有效交流。

我自认为在企业商学院建设方面，特别是在课程设计和老师培养训练方面，有着深刻的感悟和实践经验。然而，有一次，我与国内一位知名企业大学的校长就这些问题进行了半小时的沟通，结果我听得一头雾水。从他提供的流程和表格来看，我相信他非常专业，并且在这一领域有着深入的研究和多年的经验。我对他的理论没有任何怀疑，也相信他一定有过最佳实践。但我就是无法理解他所传达的内容！为什么我会听得如此困惑？这可能是因为他的专家思维在起作用，他可能以为别人像他一样，每天都在使用他的专业语言和风格，以为别人能够通过他的一个眼神就理解他的意图。但事实并非如此！

如果他不改变这种沟通方式，他可能永远只能停留在专家层面，而无法成为真正的大师。

让我印象深刻的是付小平老师。现在，很多企业家对财务和数字感到畏惧，因为它们通常被认为是枯燥难懂的。然而，付老师却能够将财务知识讲解得既生动又简单，让学员一听就明白。起初，我担心他的课程过于专业，学员的评价可能会很低。但出乎意料的是，他的课程排名总是位居前列，甚至有一回学员评分达到了惊人的99分，这简直是个奇迹。这正是因为他能够让很多非专业人士也能理解财务知识，因此他赢得了众多粉丝。

怎样才能让人听得懂？方法有以下两种。

（1）简单

怎样做到简单呢？

1）要说大白话。也就是要把复杂的理论，尤其是深奥的概念用老百姓的语言描述

> 要说大白话。也就是要把复杂的理论，尤其是深奥的概念用老百姓的语言描述出来。

出来。

因此，成为大师必须具备严谨的治学态度，能够将复杂问题简单化，将抽象概念形象化。很多人在这个过程中可能会放弃，因为他们不能持之以恒。这需要老师投入时间和精力，不仅需要深入挖掘问题，进行换位思考，还需要热爱生活，甚至需要懂点艺术，以便将复杂的理论与日常生活相结合，使之易于理解。

例如，如何形象地描述那些看不懂财务报表，也不会利用财务报表进行决策的企业家呢？你可以比喻这样的人在企业经营上基本上是聋、哑、瞎。毛泽东主席就是一个善于用大白话表达思想的伟人。过去，有一份政策草案需要毛主席审批，他将"废除聘金聘礼"改为"讨老婆不要钱"，将"反对虐待儿童"改为"不准大人打小孩"，将"废除债务"改为"借的钱不要还"，这些都是典型的大白话。

2）简洁。要用短句，避免长句。一个字能说清楚的，绝不用两个字。一句话能说清楚的，绝不用两句话。为什么要这样呢？因为短句更有冲击力，更能够给别人留下印象。更何况，古语有云："一字千金。"话多，只能说明你的话没有价值，不值钱！你看国家领导人说话非常慢，字都是一个一个蹦出来的，惜字如金！

曾经有一位主持人主持李践老师的课程，在邀请李践老师上台前说："接下来让我们用热烈的掌声和欢呼声，有请我们尊敬的李践老师继续分享。"然而，课后李践老师严厉地问她："为什么要这么说？这对客户有何价值？这不是在浪费企业家的时间吗！"并要求她立即改进。

第二节课前，这位主持人在邀请李践老师前，向老师请教：

"我这次非常精简了，老师您看这样行不行？接下来有请尊敬的李践老师。"

李践老师回答说："不要，就四个字，有请老师。"

3）重复和总结。要不断重复，不断总结，因为不断重复和总结就是抓重点。每位老师都应养成一个习惯，也是一项必要的规定：上课前一定要回顾上一节课的关键内容，在下课前则要总结本节课的关键内容。通过这种不断的重复，可以加深学员的印象，让学员感到内容简单易懂。

> 要不断重复，不断总结，因为不断重复和总结就是抓重点。

（2）有逻辑

为什么很多人听不懂你讲的话？关键是缺乏逻辑性。如何让学员理解并跟上你的思维呢？

1）金字塔思维。金字塔思维是自上而下的结构，先概述主题，再逐步展开细节，确保条理清晰、逻辑严密。

如果说话缺乏逻辑，就会显得杂乱无章，让学员和听众感到困惑，听起来费劲。因为他们不清楚你在讲什么，以及为什么要这么讲。他们内心可能期盼着课程尽快结束。这样的课程对于学员而言，无疑是一种煎熬。

听众的思维是充满质疑的。你每说一句话，他们脑海中都会浮现这些问题：为什么你要这么说？这句话与前一句有何联系？这是否合理？你接下来会讲什么？

因此，对老师的要求是，每一句话都要能解释其必要性，顺应学员的思维，针对他们的疑问逐一解答，不断回应他们内心的疑问。

为什么很多老师讲解时没有逻辑？通常是因为他们缺少系统性，思维过于发散。在后续章节中，我们将重点介绍一些绝招，让你讲话有逻辑、有系统。

2）聚焦。有时，一些老师可能会陷入另一个误区：他们分享的内容可能非常吸引人，但与主题无关。如果出现这种情况，问题就严重了。你讲得越引人入胜，越有可能误导听众，让他们偏离正轨。因此，有些老师讲课风趣幽默，让学员笑声不断，但当学员冷静下来回想时，却发现自己什么也没记住。这是因为课程缺乏焦点，或者那些与主题无关却讲得精彩的内容，反而掩盖了老师本想强调的核心观点。这正是所谓的画蛇添足、喧宾夺主。

有一位老师在讲企业精神时，本意是想表达即便一部电影也能体现出核心价值观。但当他提到这部电影是张艺谋导演的作品后，话题就转向了张艺谋的个人生活，从他的绯闻到他近期备受关注的家庭情况，涉及他的六个孩子。一个小时很快过去了，整个过程中学员笑声连连，课堂气氛热烈。这位老师可能认为自己很受欢迎，但最终在反馈表上，学员的评价却是"东拉西扯，胡说八道"。

关于如何简单和有逻辑，我们在后面还会反复强调，并介绍具体如何做。

2. 学得会

什么是学得会？检验的标准有以下三个：

1）如果你讲6小时，然后立即让一名学员复述，他能够分享2小时或更长时间，这就说明学员掌握了所学。如果你讲6小时，学员连1小时都分享不了，那怎么能说他学会了呢？如果学员连学都没学会，又怎么可能应用呢？

2）你讲完后，如果学员有一种强烈的愿望想要分享这堂课，因为他认为这堂课非常有价值，同时也非常简单。很多学员告诉我，他们在听完行动教育的课程后，真的很想对台上的老师说："能不能让我也来分享？"这就是我们追求的目标。

3）老师在讲课时不使用PPT（除了一些必要的图片），只使用笔和白板。为什么不用PPT也能让别人学得会？这个逻辑可能看起来有些不可思议，但实际上这背后有很深的学问。

首先，如果老师不使用PPT，而只能用笔和白板，他就必须将重点写在白板上，让所有学员都清楚课程的重点。

其次，使用笔和白板可以使所有学员的注意力集中在老师身上，这有助于提高他们的专注力和学习效率。

最后，也是最关键的，当老师不被允许使用PPT时，他就需要记住三天课程的全部内容。这非常困难，对老师来说是一个巨大的挑战。那么，老师怎样才能记住这些内容呢？只有一个方法，那就是老师必须将三天的课程内容逻辑化、模型化，大模型嵌套小模型，小模型再嵌套子模型。这样，学员才能真正学会！不使用PPT上课，虽然听起来似乎不符合当前的趋势，但我们的实践证明，这种方法非常有效。

要想让人学得会，老师的课程必须做到四个性：系统性、逻辑性、操作性和深入性，通过这四个性确保学员真正学得会。

（1）系统性

要做到系统性，就要建模，要让课程成为一个大系统。

> 课程必须做到四个性：系统性、逻辑性、操作性和深入性。

（2）逻辑性

要做到逻辑性，就要做到环环相扣，上下呼应，要用金字塔思维。

（3）操作性

要做到操作性，就要有工具、有方法、有表格，可以现场练习并分享。

（4）深入性

要做到深入性，就要对案例深入剖析。

具体怎样做，在后面我们会详细阐述。

3. 用得上

什么是用得上？检验的标准用一句话来描述，就是学员要发生改变。所谓改变，就是要么可以观察到学员的行为发生改变了，要么可以直接拿结果来说话。

> 所谓改变，就是要么可以观察到学员的行为发生改变了，要么可以直接拿结果来说话。

很多老师觉得自己的课程很好，因为他们的评估标准不一样，他们觉得让学员感动、让学员痛哭流涕、让学员笑得前仰后合，这样的课程就是好课程。但他们忘记了一点，这些都是表象，而真正要评估的只能是"改变"。

很多培训公司会用课程评估表来衡量学员的满意度，实际上这并不能真实反映学员的收获。真正应该问的问题是：学员学完以后发生改变了吗？学员制订行动计划了吗？有具体的时间表和责任人吗？学员真的会实施吗？

我曾亲自参加了一位老师的课程。这位老师讲完后，他的言论确实令人震惊。他是这样说的："我的课程不是每个人都能理解的，没有一定境界的人是听不懂的。我的课程也不是为了让你们听完就采取行动的，如果你们听完我的课就急于行动，那这样的企业家是愚蠢的。"显然，这位老师利用了人性的弱点，因为没有人会承认自己没有境界，更没有人会承认自己是愚蠢的。

我对这位老师的洞察力不得不表示"佩服"，但是我坚信这位老师在培训行业不可能走得远、走得久。我坚信，未来所有的发展都将回归理性，消费也将基于理性判断。传统的、充满激情的培训、欺骗性的培训、过度情绪化的培训，最终会被市场所淘汰。看看美国和欧洲的发展就能明白这一点。

实际上，今天的企业和企业家也在不断成长，他们不再像过去那样容易受感动，不会因为某个老师的眼泪或煽情的音乐就轻易掏出大量金钱。他们对问题的看法越来越理性，对过度的培训方式感到反感，有些企业家甚至戏称"防火防盗防培训"。我认为，这并不是因为企业家变得冷漠或不爱学习，而是说明今天的企业家变得更加成熟和理智。

为了让人用得上，我们要重点应用三种教学法：痛点教学法、实效教学法和行动教学法。

（1）痛点教学法

首先要让学员思维发生改变。怎么改变呢？必须让学员意识到自己的问题在哪里。如果一个人还不知道自己的问题在哪里，你直接给他解决方案，他会珍惜你的解决方案吗？显然不会，他只会在心里说，那又怎么样？就好像一个医生有治绝症的药，但是他根本就不告诉病人患的是绝症。病人如果不认为自己得的是绝症，你就是给他绝症良方，他也不会珍惜你的良方。在后面我们会更加详细地给大家介绍具体怎么实施痛点教学法。

我认识一位拥有在IBM和GE工作20多年经验的老师，很多人都冲着他丰富的实战经验来听他的课。然而，这位老师在培训市场上始终没有火起来。我亲自去听了他的一堂课后，得出的结论是，如果他继续这样下去，他在管理培训市场上的发展将会受到限制。

这位老师最大的问题是什么？并不是他缺乏内容，实际上他拥有大量的知识和实战经验。问题在于，他没有很好地塑造自己课程的价值。很多学员在获得解决方案后，心中充满了疑虑和困惑：这个解决方案真的可行吗？世界500强企业的经验和方法是否适用于我们民营企业的实际情况？

结果，很多学员回去后并没有实现任何改变，而这位老师也留下了不好的名声，被认为是缺乏实际应用价值，与中国的国情差距太大。但实际上，这位老师在离开外企后，一直在研究中国民营企业，并有成功的案例，说明他对民营企业有深入的了解。按理说，结合他在顶尖企业工作的高度和视野，他的课程应该是非常受欢迎的。问题出在哪里呢？就是他没有运用痛点教学法，没有触及学员的内心。

（2）实效教学法

要让学员发生改变，仅仅改变思维是不够的，还需要具体可行的方法。如果你所塑造的价值足够吸引人，学员会主动请求：请告诉我具体该如何操作。如果你只强调问题而不提供解决方案，那无异于是对学员的精神折磨。就像病人去看医生，医生告诉他们病情严重却又无法治疗，这对病人来说是极大的打击，他们将承受巨大的心理压力，有时候甚至宁愿不被告知。因此，如果你想成为真正的大师，你必须提供切实可行的解决方案。在后续内容中，我们也会详细介绍这一点。

（3）行动教学法

思维改变了，方法也掌握了，最后的关键一步是让学员制订具体的行动计划。我们将在后续章节中详细讨论如何做到这一点。

很多老师往往忽略了这一环节。他们没有引导学员制订行动计划，导致学员一旦离开课堂就忘记了所学。因此，老师在课堂上需要抓住时机，及时行动。如果有学习顾问的协助，还要进行跟踪，并及时纠偏，以确保学习效果达到最佳。

大师品德

我始终认为一位老师能否成为一名大师，其中起决定作用的是老师的品德。

真正的大师将每一次讲课视为自己的最后一次机会，全身心投入，用他们丰富的实战经验、最佳状态和正确的价值观去影响学员。

> 一位老师能否成为一名大师，其中起决定作用的是老师的品德。

　　李践老师就是这样的大师，每次讲课结束后，他的衣衫都会被汗水浸透。他对自己要求严格，以身作则，心存大志，以帮助更多企业发展为己任。

　　然而，有些人对此不以为然，甚至嘲笑说："为什么要这么辛苦地经营企业？为什么要这么辛苦地生活？关键是要有智慧。有些老师讲课讲到衣服湿透，那又如何？我们轻松讲课、轻松赚钱，因为我们拥有智慧，而不是仅仅学习工具和方法，那样太辛苦了！"一些企业家确实工作得非常辛苦，听到这样的观点后，可能会觉得有理，从此变得浮躁，无法静下心来。但他们是否想过，直到今天，任正非依然在倡导艰苦奋斗，张瑞敏依然谨慎行事，柳传志在退休后再次复出。对于这些企业家而言，他们享受的是这个过程本身。

　　有位企业家曾对我说，听完一些老师的课后，他意识到这些老师讲得并不正确，导致他的企业经营陷入混乱，他也因此不再参与学习。但他决定要重振企业时，发现自己的心态已经无法平静。他明白只有专注和深耕才能获得成果，没有付出就没有收获，但他的心态已经彻底改变，无法再拥有那种坚持不懈的精神。用他自己的话说，他感到自己"已经废了"。

　　当然，我们并不是要求每位老师讲课时都必须汗流浃背，但我们确实非常看重老师在讲台上是否全情投入。

　　另一位企业家告诉我，只要有机会，他就会去参加李践老师的复训课程。他说他复训的目的不是课程内容本身，而是李践老师那种不屈不挠的精神，那种"认真、迅速、坚守承诺"的精神。

　　看看当今中国的管理培训行业，由于发展历史较短，加之国家缺乏明确的标准和有效监管，导致行业内部良莠不齐。特别是一些不负责任的人利用管理培训的名义，迎合一些人急功近利的心态，在课程中掺杂成功学、宗教、国学甚至二人转等元素，确实吸引了一些企业家学员。

示例

我曾参加一个课程，现场聚集了2000多人。在这些学员中，有一位女企业家（体型较为丰满）带着孩子来上课。她向台上的老师提问，如何才能让自己的企业销售额突破亿元。然而，这位老师的回答令人震惊，他在2000多人面前大声斥责她："你也配销售额过亿元？你看看自己胖成什么样！你连自己的身材都管理不好，怎么能管理好企业？旁边那孩子是不是你的，你都不能给孩子树立榜样，又怎么可能给员工树立榜样。"我没想到这样的话语在当时竟然赢得了其他学员雷鸣般的掌声，这真是令人愤慨。

➔ **点评**：这位老师似乎掌握了某些宗教的精髓，不论是基督教、佛教还是其他宗教，都在强调人类的"原罪"概念，即人一出生就带有罪孽。例如，在基督教中，人们被告知生而有罪，因为始祖亚当和夏娃偷食了禁果，给人类带来了痛苦。而从哲学的角度来看，人被描述为既有天使的一面也有魔鬼的一面。在积累原始资本的过程中，企业家可能确实有过一些自私自利的念头。

那么，如何在课堂上激发学员的罪恶感呢？一种方式是在课程上不断引导企业家进行忏悔，甚至让他们自我认定是有罪的。这种做法唤醒了人们的罪恶意识，利用了人们的良知、恐惧以及自我反省的能力，在课堂上确实能够深深触动很多学员。然而，这种做法是否真正达到了培训的目的和期望的效果，却是一个值得深思的问题。

最缺乏品德和底线的老师是那些随意承诺的人，如承诺"短短三年内成为千万富翁"。他们会问："你们想成为千万富翁吗？如果想，就跟着我学习，我保证你们一年之内就能成为千万富翁。"这是在利用人性中的贪婪。

如果一位老师能够过五关，那么他的价值观通常是正向的。为什么这样说？因为我们在选择老师的过程中，实际上是在讨论价值观，是在用价值观来做决策。我们提倡专精深精神，提倡诚信，提倡老师应具备品格，提倡客户价值导向，提倡重实效，这些都是正向的价值观。我可以坦率地说，所有这些价值观的讨论都与我们的研发密切相关。

如果用这些标准来审视当今中国的高等教育、商学院、教授评审制度、毕业生水平，你会有什么样的看法？

我真诚地希望本书能被中国的教育主管部门看到。为什么每年有数百万大学生毕业，企业却依然缺乏人才？

我真诚地希望本书能被广大教授和老师看到。毛泽东强调实事求是，邓小平提出实践是检验真理的唯一标准。我坚信，真正的教授应该是某个领域的实战专家，而不仅仅是学术专家。

我真诚地希望本书能被主流社会看到。在他们心目中，似乎只有传统商学院才算正统。不管管理培训公司做出了多大贡献，培养了多少学员，在他们心中，管理培训公司仍然是边缘的。我真诚希望有一天，不仅高等学府的教授，那些脚踏实地、传授知识与经验的企业实践导师也能得到世人的尊重。

我真诚地希望本书能被那些过于功利、随意承诺的老师看到，希望这本书能唤起他们的良知，希望这些老师能成为道德的楷模，不仅教授企业家经营绝招，更能提升他们的精神境界。

笔记

第 3 章

大师准备

既然是大师，那怎么能随便上场呢？你必须做好万全准备，精心策划。

苹果公司的创始人、前CEO史蒂夫·乔布斯是当代最杰出的演说家之一。他的演讲不仅风趣、引人入胜，更重要的是，他能够轻松地掌控整个演讲现场，让听众对他的每一句话都深信不疑。乔布斯将每次演讲都视为一次强有力的营销推广机会，因此他坚持一个原则：在每次登台前都做足准备。为了达到这样的效果，他每天都会投入三个小时进行训练，从未间断。

中国的行业领军企业应该向苹果公司学习，向乔布斯学习。

很多人存在一个误区，认为大师能够即兴发挥，因为他们觉得大师拥有丰富的经验和扎实的功底，似乎不需要做任何准备。然而，如果一个大师未经准备就出现在听众面前，这就像是一位将军在没有仔细检查自己的武器库、弹药和军队的战斗力的情况下就匆匆走上战场，他怎么可能取得胜利呢？

亚伯拉罕·林肯曾说过："我相信，即使经验再丰富，年纪再大，若是无话可说，也难免会感到尴尬。"

温斯顿·丘吉尔，这位历史上著名的演说家，也是在经历了一番辛苦和失败后才深刻理解了这个道理。他曾自信满满，认为自己已是演讲大师，无须任何准备。但在一次英国国会的演讲中，他突然思路中断，脑海一片空白。那一刻，他感到极度尴尬和羞愧，不得不重复上一句话，却仍然无法继续，最终只得颓然坐下。这次经历让他意识到，没有准备就绝不能走上讲台。

古希腊演说家德摩斯梯尼非常重视演讲前的预演。他曾把自己关在地下室的书房里，长达三个月之久，专心学习演讲技巧。为了表明自己不达到目标绝不离开的决心，他甚至剃光了自己的头发。直到头发重新长出，德摩斯梯尼才走出地下室，成为一位造诣深厚的演说家。

与李践老师共事多年，给我留下最深刻印象的，莫过于他在每次出场前所做的精心准备。他追求完美，细致策划每一个环节。这是因为他非常珍视在舞台上的每一分钟，深信每一分钟都应该为学员提供最精彩的演讲和最高的价值，并且对此负责。

> " 每一分钟都应该为学员提供最精彩的演讲和最高的价值，并且对此负责。"

"台上一分钟，台下十年功"，这句话恰如其分地概括了这一精神。

2013年，我参加了在美国举行的ASTD年会。电子工业出版社安排了一场与大师的见面会，其中包括《领导力》一书的作者库泽斯和波斯纳，他们是真正的大师。在美国，能被公认为大师的人并不多。

起初，我对自己的英语水平（大学毕业后，我基本上没有再接触过英语）感到担忧，因为现场没有翻译服务，我担心听不懂大师的演讲。但实际上，我的担心是多余的。库泽斯的演讲非常简洁明了，即使你不懂英语，也能领会他想传达的意思。这是为什么呢？尽管他用英语演讲，但他将演讲的要点用中文在PPT中简洁地展示出来，这些中文内容都是经过精心策划的，具有很强的冲击力，宛如一首诗，令人难忘。我可以肯定，这一定是大师经过了精心准备的结果。

那么，作为大师应该做好什么准备呢？与普通老师的不同点是什么呢？

我们认为大师要准备三个核心内容：

第一，大痛点；

第二，大师论；

第三，大课题。

大痛点

是谁的大痛点？是客户的！

大师的客户是谁？

毫无疑问，是听众，是学员，还有买单的人！

买单的人不一定是听众，听众不一定是买单的人。

这意味着大师的听众可能有两类人：花钱的、听课的。

> 首先要明确解决谁的问题，因为不可能解决所有人的问题，一定要锁定精准客户。

花钱的是谁？应该是企业，或者企业老板，或者企业的人力资源部门。

所有大师在开场前，首先要明确解决谁的问题，因为不可能解决所有人的问题，一定要锁定精准客户。

- 如果你的听众是企业家，那么买单的和听众应该是同一个人；

- 如果你的听众是中层干部或专业部门，那么你的客户有两个：
  中层干部和企业家。

什么是大痛点呢？就是客户在这个领域最想解决的问题。

- 如果你的学员是企业家，那么这个大痛点就是企业家在这个领域最想解决的问题。

- 如果你的学员是中层干部，那么这个大痛点就是中层干部和企业在这个领域共同关注并想解决的问题。

这就是典型的结果导向和以终为始的思维。

也就是说，大师的思维与普通人存在显著差异。普通人往往是先确定一个课题，然后围绕这个课题命名，接着开始准备材料，从课题的意义和价值入手，最终探讨课题的解决方案。这是一种普遍的思维模式，类似于我们小时候写作文的过程：给定一个题目，然后我们就按照这个题目来展开写作。这种思维模式渗透在我们生活的许多方面。例如，中国电影中常见的是古装片，倾向于留恋过去；而美国电影则偏爱科幻题材，展现的是未来。

我曾经访问了一家国内非常知名的餐饮公司，它拥有自己的商学院。然而，很多员工对商学院的满意度并不高，对商学院老师的评价也不高。员工的结论是，这些老师不擅长演讲，也不擅长调动课堂气氛。但事实上，经过我的观察，这些老师的口才都不错，甚至有位老师在行动教育平台上赢得过演讲冠军。那么，为什么在自己的平台上，这些老师却不受欢迎呢？理论上，他们应该更了解员工的心理和需求，更受欢迎才对。

问题的关键在于他们的思维方式。这家商学院的运作模式是每年由各部门提出培训需求，商学院整理后，再分配给企业内部的兼职老师。例如，人力资源总监可能收到的课程主题是"非人力资源的人力资源管理"，然后他就开始准备课程，寻找资料，甚至外出学习。我查看了这位总监准备的PPT，内容从为什么主管需要了解人力资源，到如何让主管成为人力资源经理，看似逻辑严密。但从专业的角度来看，这种备课方式似乎是为讲课而讲课，没有真正考虑到实际应用，难怪效果不佳。这无疑是在浪费时间，更像是学术研究，而不是为了实际落地。

大师的思维方式与常人截然不同。在大师的思考过程中，最初是不存在课题名称或内容的，他们不会一开始就去寻找资料或准备课程。大师首先关注的是明确自己的客户是谁，以及这些客户目前面临

> 大师的思维是结果思维：以终为始，从后往前看。

最大的困惑和障碍是什么。如果未能识别出客户的真正需求，大师不会轻易开始他们的讲授，因为他们深知，即使自己拥有再卓越的口才，也无法持续吸引听众的注意力，除非能够解决客户的实际问题。

所以大师的思维是结果思维：以终为始，从后往前看。

大师甚至会花掉30%的时间去研究他的客户想要解决的问题，因为他知道：

- 只要找到问题的症结，演说就成功了一半；
- 只要找到问题的症结，就可以有的放矢；
- 只要找到问题的症结，即使语言平淡，但这些语言的力量一定会没有任何阻碍地直击人们的内心。

具体怎么找到大痛点呢？

第一步 调研

第二步 编制问卷

第三步 群策群力

第四步 发挥优势

第一步 调研

我们建议研发团队与大师紧密合作，每人至少调研10个客户。如果能够亲自拜访客户，那当然是最理想的；如果条件不允许，至少也应该通过电话进行调研。

调研应该如何进行呢？关键在于针对以下三个问题反复问：

1）您在这个领域遇到的最大障碍是什么？

2）为什么？（为什么是这个障碍？）

3）还有吗？（还有其他障碍吗？）

为什么要反复问？这样做是为了验证信息的真实性。因为有些客户可能缺乏耐心，或者不愿意分享他们的真实想法。

在这个过程中，确实可能会遇到一些不理解的客户，因此对客户的筛选就显得尤为重要。我们通常会优先选择那些对我们的行动教育有深厚感情的忠实客户。

> 在调研的时候，不仅要注意调研的技巧，还要注意站在对方的角度。

行动教育在2013年年底曾计划推出一项重要的新战略产品——"企业商学院领袖班"。为了保证产品的成功，李践老师亲自组织了一系列面对面的调研活动，与企业家客户深入交流。关键在于如何确保调研的成果？我们需要确保客户不仅愿意开口，更重要的是愿意说出他们的真实想法。

在调研开始之前，李践老师首先对各位企业家对行动教育的长期支持表示了感谢。他也对可能占用他们宝贵时间表示了歉意，并清晰地阐述了此次调研的目的和意义。

调研结束后，李践老师主动提出，愿意额外花费一个小时与企业家探讨他们企业所面临的问题，作为回馈。此外，他还向参与调研的企业家赠送了礼品，以表达感激之情。

这些举措让参与的企业家深受感动。即使在调研结束后的几天里，仍有企业家通过我们的业务伙伴，将他们在调研现场忘记提及的观点转达给我们的研发中心。

所以在调研的时候，不仅要注意调研的技巧，还要注意站在对方的角度。

第二步 编制问卷

老师和研发团队在完成调研后，应将所有客户关注的问题一一列出，然后归类合并，筛选出客户最关注的痛点，建议不超过6个。

在这一过程中，老师需要主导整个流程，因为他对这一领域有深入的了解，并且具有敏锐的洞察力。

最终，根据筛选出的6个痛点，编制成正式的问卷，并将其分发给更多客户进行进一步的调研。具体内容详见表3-1。

表 3-1　调研问卷

为了使我们的课程开发更具针对性，请您针对本问卷提供您的反馈和建议。

项　目	严重程度 （按照 1 ~ 5 分进行评分，分值越高，问题越严重）
问题 1：	
问题 2：	
问题 3：	
问题 4：	
问题 5：	
问题 6：	

第三步　群策群力

这一步至关重要，完成问卷的回收和统计之后，需要根据重要性对核心问题进行整理和排序。最终，老师和研发团队应集思广益，共同确定最核心的问题。

什么样的问题可以被视为最核心的，即大痛点呢？

1）问题应具有高度。谁在关注这个大痛点？它是否能够触及企业的战略层面？

2）问题应具有深度。这个大痛点是否真正令人感到痛苦？

如何验证一个问题是否具有高度和深度？当你向客户提出这些痛点时，能否立即吸引客户的注意力，引起他们足够的兴趣，也就是说，能否打动他们。我常开玩笑说，如果挖掘出的痛点让学员迫切地想要解决方案，那可真是了不起。如果提出的痛点能让客户感到紧张，那就更了不起了。

有一位老师的课程主题是"企业精神"，他最终提炼出的痛点包括：企业缺乏经营理念，以及理念难以落地。由于我本人对这一领域也颇感兴趣，我向他提出了疑问：如果将这两个问题直接呈现给企业家，是否能够吸引他们的注意力？是否能够激发他们足够的兴趣？是否能够触动他们的心灵？显然，仅仅这样是不够的。我们应该深入探讨的问题是：企业为何必须拥有经营理念？缺乏经营理念或理念难以落地会给企业带来哪些障碍或后果？具体出现了哪些问题？我们需要连续追问"为什么"，以挖掘更深层次的原因。

为什么我们需要不断追问核心问题，连续提出"为什么"？实际上，这样做不仅是为了让我们的课程能够真正帮助客户解决问题，确保我们的课程具有强烈的针对性和影响力，而且还对营销有着极大的促进作用。我们需要考虑业务员未来如何推广这个课程。如果能够这样做，对于业务员而言，推广过程将变得非常简单：只要清晰地描述这些障碍，很多客户就会迫切地询问："你们的课程价格是多少？我何时可以参加？"

> **真正的研发应该让销售变得简单。**

这正是卓越研发的体现。真正的研发应该让销售变得简单。

有些老师可能会认为行动教育课程的研发过程过于复杂和烦琐，因而感到气馁。然而，那些真正有追求的老师，通过与我们合作，将对研发有一个新的认识。

我们的合作伙伴李成林老师，虽然最初在市场上的名气不如很多其他老师那样广为人知，但在我向他介绍了行动教育的研发方法论后，他投入了一个月的时间来收集客户在他课程领域的障碍。一个月后的某一天，他非常兴奋地给我打来电话："夏老师，我对我们的合作充满信心，对我的课程也更加有信心。我决心将这个领域作为我未来的事业重点，因为在这一领域，企业家确实面临着巨大的挑战。"

我相信，他的兴奋并不仅仅因为我们的合作，而是因为他通过这个过程，对所研究的领域有了更深刻的理解和认识。这种理解是无价的，是金钱无法购买的兴奋。

我能感受到他的兴奋，因为这样的情况屡见不鲜。很多老师在他们所在的领域研究了十几年，甚至几十年，却很少深入思考这些问题。你可能会奇怪，作为专家，他们为何不去研究呢？

然而，事实确实如此。每当我和我们的老师深入探讨他们领域中客户面临的障碍时，他们起初会感到不适应，但随着讨论的深入，他们变得越来越兴奋。因为他们意识到这种探讨的价值巨大，他们收获的不仅是方法，更有一份信心和决心。这些收获在不知不觉中拓宽了他们的思路，仿佛是一次顿悟，突然间豁然开朗。这种心情，没有亲身经历过的人是很难理解的。

张晓岚老师在营销领域拥有超过20年的丰富经验，并积累了许多成功的案例。面对学员提出的问题，他几乎无须深思，就能迅速给出既发人深省又极具洞察力的答案。正因如此，张晓岚老师平时很少专门去收集客户的障碍，尤其是作为营销专家，他往往不拘泥于常规方法，因此我们的方法论对他来说，简直就是一种折磨。起初，在挖掘客户痛点的过程中，我们遇到了一些困难，张晓岚老师也难以快速适应。由于最初未能准确把握学员的痛点，他的课程满意度并不理想。但当他开始真正深入思考客户痛点时，他的课程发生了显著的转变，他能够吸引并抓住客户的注意力。此时，你能明显感受到他的喜悦和进步。一位参加复训的学员告诉我，张晓岚老师的变化之大，让他几乎不敢相信这是同一位老师！

如果能够深入进行"客户目前遇到的障碍分析"，那么你甚至可以针对这个领域开发一个诊断软件。因为你已经识别出客户的核心问题，利用这个诊断软件，可以自动生成调研报告，从而简化销售流程。

第四步 发挥优势

找到了客户的大痛点，是否就意味着这是你要解决的大痛点呢？

不一定。这取决于这位老师是否具备解决这个问题的能力，也就是要看这位老师的专长所在，发挥其优势。通常情况下，如果这位老师足够专注，在该领域内遇到的大部分难题他都有一定的见解，但有些问题可能连老师也暂时没有答案。因此，真正的大师只会解决自己最擅长的，同时也是客户最迫切需要解决的问题，这样的结合才是完美的。

所以，每位老师在审视客户的痛点后，都应该自问：哪些问题是我的优势和专长？在哪些问题上我拥有最佳的成功经验和感悟？在哪些问题上我有标杆经验？

大师与普通人最大的区别在于，他们清楚自己的优势所在，并善于利用这些优势。

当然，通过对客户痛点的深入梳理，老师就能明确自己接下来研究和实践的方向，这本身就是一种宝贵的财富。因为，真正的大师必须具备专精深精神，拥有不断挑战未知领域的勇气。他们必须成为行业的典范，将自己的研究领域打造成标杆，否则就不足以向他人传授知识！

大师论

确定了客户的大痛点，接下来就要准备大师论。所谓大师论，指的是大师个人独有的方法论。

身为大师，你自然需要拥有独特的方法论和独到的见解，否则怎能担此盛名？

放眼世界，凡是能被称为大师的人，一定拥有自己独特的方法论，如德鲁克、波特、科特勒等。这些大师的方法论都是基于实践和研究，揭示了事物的本质规律，并将这些规律转化为普通人也能够理解的模型，并以他们的名字命名。例如，波特通过实践

> 放眼世界，凡是能被称为大师的人，一定拥有自己独特的方法论。

和研究发现，一个行业的盈利能力主要受产业竞争程度的影响，而产业竞争程度又受到五大力量的控制，包括同行竞争者、新进入者、供应商、顾客和替代品。波特根据这五大力量构建了一个模型，如图3-1所示，这个模型被命名为波特五力模型。

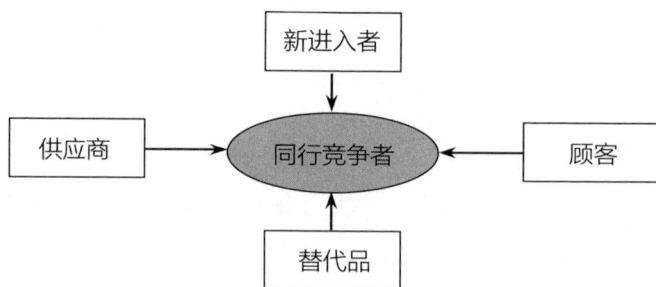

图3-1 波特五力模型

在行动教育，我们的老师也必须拥有自己的方法论，并建立相应的模型，最终以老师的名字来命名这些模型。例如，李践老师提出了一套关于企业持续提升利润50%的方法论，我们称之为"李践天龙八部"；付小平老师提出了一套关于财务管控的方法论，我们称之为"付三马"（三驾马车）；陈军老师提出了一套关于销售管控的方法论，我们称之为"陈氏8的8次方"；我自己提出了一套关于建设企业精神的方法论，我们称之为"人企合一"，等等。

为什么大师必须拥有自己的方法论呢？因为你需要以你的专精深精神，对你的研究、实践和解决方案进行高度总结和归纳，以便人们更容易理解、普及和传播。

那么，大师论是如何形成的呢？当然是源自大痛点！大师论的核心目的，就是要解决这些大痛点。

具体的做法可以分为以下两个步骤。

第一步 针对大痛点，提出解决方案

老师和研发团队需要针对每个大痛点共同提出解决方案。他们的分工通常是这样的：老师依据自己丰富的实战经验和成功案例，提出具体可行的策略和方法；而研发团队负责寻找行业标杆，收集相关的策略和方法，进而梳理出初步解决方案（见表3-2）。

表3-2 初步解决方案

项 目	老师最佳实践 （策略、方法）	研发团队标杆研究 （策略、方法）
痛点1：		
痛点2：		
痛点3：		
问题4：		
问题5：		

在这一过程中，老师无疑是主角。研发团队为老师提供标杆检验，老师再结合自身以往的成功经验，提炼出最佳解决方案。这种方案往往更具有说服力和科学性。

实际上，根据我们的经验，并非每个大痛点梳理出的策略和方法都各不相同。有时，多个大痛点的解决方案其实是相同的。

更有趣的是，当你深入研究一个大痛点后，会发现这个解决方案往往能解决多个大痛点。

我的团队和高建华老师曾与15名成员一起，将企业家在战略层面遇到的挑战一一罗列出来。我记得当时列出的问题整整填满了5张大纸，总计超过30个问题。但在梳理完毕后，真正的问题被集中到了5个。有趣的是，当我们解决了其中的两个问题后，剩下的三个问题也随之迎刃而解。

在与张晓岚老师共同研发他的营销模式课程时，情况也是如此。

为什么会这样呢？这就是自然规律的体现。有时看似问题众多，但当你集中精力解决一个核心问题时，其他问题可能就会随之自然解决。

第二步 建模型，赢得客户尖叫声

有了初步解决方案后，就需要构建老师独特的方法论了。

具体可分成以下四个步骤：

- 识别逻辑关系；

- 画出逻辑图表；

- 构建大师模型；

- 启用大师名字。

1. 识别逻辑关系

首先，我们需要识别这些解决方案之间的逻辑联系，然后利用模型将这些逻辑关系可视化。这样，我们就能够构建出一个初步的、未经加工的方法论。

从方法论的角度来看，最常见的逻辑关系通常包括以下三种。

（1）时间上的先后逻辑

有了第一步，才有第二步，有了第二步，才可以进行第三步。

示例

　　绩效管理的四个步骤：目标，行动，检查，赏罚。

　　点评：显然，这四个步骤是有先后顺序的。有了目标，才好行动，有了行动，才好检查，有了检查，才好赏罚。

（2）空间上的并列逻辑

这是指将整体划分为多个独立模块，这些模块共同组成一个完整的体系。

例如，价值观的落地需要通过高层的引领、部门内部的实践、人力资源部的推动以及基层的参与来实现。显然，高层、部门内部、人力资源部以及基层各自承担不同角色，它们之间是并列关系，共同构成了价值观落地的完整体系。

再如，企业在确定其竞争战场时，通常需要考虑行业、产品、客户和区域四个因素。选择战场，实际上涉及行业定位、产品定位、客户定位和区域定位。这四个要素相互并列，共同构建了一个完整的竞争战场框架。

（3）重点上的主次逻辑

面对众多解决方案时，需要抓关键。

例如，要防止老客户流失，我们可能需要考虑多个方面，如满足他们的情感需求、持续满足他们的需求，以及提高他们跳槽的成本等。在这些策略中，识别出最重要的因素并将其置于优先位置是关键。如果情感因素被认为是最重要的，那么在制定策略时，就应该将其作为首要考量。

（4）推理上的因果逻辑

例如，小王是谁的孩子？小王有一个奶奶，小王的奶奶只有一个儿子叫老王，所以小王是老王的儿子。

2. 画出逻辑图表

明确了逻辑关系后，就可以用图表把逻辑关系表达出来。如果是时间上的先后顺序，就可以用箭头来表达。

绩效管理的四个步骤用图表表示。

目标 ⇒ 方法 ⇒ 检查 ⇒ 赏罚

实际上，表达逻辑关系并不仅限于使用箭头，还可以采用更加形象生动的图表形式。逻辑关系越简单明了，图表设计得越形象直观，这样的解决方案往往就越优秀。

3. 构建大师模型

建立逻辑关系和画出逻辑图表只是初步工作，未经加工，后续还需要对每个步骤进行加工与精雕细琢。一个好的模型，应当能够激起客户的赞叹与惊叹。那么，大师模型究竟应具备哪些特点呢？我们归纳了以下三个特点：

- 冲击力。最终构建的模型要能够给客户很强的冲击力，要引发客户内心的尖叫声。

- 说服力。构建的模型要具备说服力，即便尚未开始讲课，仅凭模型本身就能让客户信服。

- 记忆力。构建的模型要具备可记忆性，客户只要看到这个模型，就能留下深刻印象，难以忘记。

很多老师在听到我们提出的要求时，可能会感到困惑，甚至怀疑我们在夸大其词或有意为难他们。然而，当我们展现出真诚和自信时，他们逐渐被我们所吸引。那么，怎么才能做到呢？

（1）冲击力

怎样让解决方案有冲击力呢？

1）要有高度和深度。高度来自你用什么语言说，深度来自你说什么。同样的意思，用不同的表述，感觉就会不一样。

示例

"现状"和"死穴"的冲击力对比

让我们来看一下今天企业的现状。

让我们来看一下今天企业的死穴。

➚ **点评**：你觉得这两句话，哪个更有冲击力？当然是"死穴"，因为死穴更有深度和高度。

所以，冲击力一定来自客户想听什么，要站在客户的立场考虑你的解决方案该怎么说。

2）要简单直白，最好每个解决方案都能够押韵。

示例

➔ 示例一

企业怎么筛选核心人才呢？就是要关注核心人才的生活细节，因为生活细节是很难骗人的。那么，怎么做呢？

请他一起吃饭，关注他的待人接物；

请他一起出差旅行，并安排在一个房间，关注他的生活细节。

如果用这些语言描述出来，是没有冲击力的。怎么做到简单直白，而且每个解决方案都能够押韵？我们提出了筛选核心人才的"三个一工程"：

吃一顿；

睡一觉；

玩一把。

➡ **点评**：同样的意思，用不同的语言描述，感受到的冲击力就不一样。

➲ 示例二

怎么让老客户持续消费、不跳槽？方法有：

满足老客户的情感；

满足老客户的持续需求；

提高老客户跳槽的成本。

针对以上内容，我们提出了"三锁"策略：

锁情感；

锁需求；

锁钱包。

➡ **点评**：同样的意思，用不同的语言描述，既简洁，又押韵。

➲ 示例三

招聘核心岗位的人员最起码要经过五次面试：

人力资源招聘专员的面试；

人力资源副总裁的面试；

用人部门直接主管的面试；

用人部门副总裁的面试；

CEO面试。

我们把以上内容做了如下修改。

应聘核心岗位的人员要过五关：

第一关 招聘专员

第二关 人力资源副总裁

第三关 用人部门直接主管

第四关 用人部门副总裁

第五关 CEO

➦ **点评**：招聘面试的五个环节可能只是一些基本常识，但通过重新整理和包装，它们可以形成一种递进关系，从而产生强烈的冲击力。

行动教育的每个课程之所以能够销售额过亿元，并且能够持续畅销十多年，同时确保客户口碑位居首位，并非偶然或侥幸。这些成就是老师和研发团队不懈的共同努力和精心策划的结果。

（2）说服力

好的模型不仅要有冲击力，还要有说服力。

这就需要在解决方案之间建立强大的逻辑关系。如果解决方案之间不能用语言构建出逻辑关系，那么这个大师论就不可能产生说服力。自然，这样的大师论是站不住脚的。

> 如果解决方案之间不能用语言构建出逻辑关系，那么这个大师论就不可能产生说服力。

示例

➜ 示例一

价值观如何落地呢？上、下、左、右全方位推动。上——高层以身作则，下——发动群众，左——部门内部推动，右——人力资源部推动。

➜ 点评：在阐述完这四个步骤之后，客户往往会被说服，从而感受到我们论点的强大说服力。

➜ 示例二

张晓岚老师在营销策划领域展现出了极高的"杀伤力"，他提出了一个名为"全过程策划"的理论。他所认为的全过程包括名字、包装、卖点、标志、广告等方面。然而，从逻辑上讲，将这些元素简单地归为一个过程似乎有些牵强。经过激烈的讨论，我们对全过程策划给出了新的定义：它应该包括"听到"、"看到"和"感觉到"这三个层面的体验。

听到：名字、卖点。

看到：包装、广告、标志。

感觉到：促销、活动等。

➜ 点评：这样形成了逻辑关系，对客户的说服力会更强。

因此，在大师论提出之后，老师和研发团队需要扪心自问：这些措施是否真正解决了大痛点？如果答案是"否"，那么就需要对解决方案进行更深入的反思。这表明在逻辑上可能存在障碍，需要进一步的澄清和优化。

（3）记忆力

什么样的模型是好模型？听完以后不会忘、不敢忘的模型就是好模型。

怎么做到呢？要通俗易懂，深入浅出，朗朗上口。

实际上，能够有逻辑性、能够有冲击力的模型，一般来说就会产生记忆力。

让人们产生记忆力的最佳方法是运用类比法，即将复杂的理论通过与日常生活中的事物相比较来进行阐释。这样不仅有助于理解，也更易于记忆。

> 让人们产生记忆力的最佳方法是运用类比法，即将复杂的理论通过与日常生活中的事物相比较来进行阐释。

示例

在招聘核心人才的过程中，我们需要经过多个部门的联合面试，同时要广招慎选。这意味着在每个岗位上要吸引更多的候选人。如果候选人数量不足，我们可能面临无人可选的局面。那么，如何有效地招聘到优秀的人才呢？

为了让人们对这个解决方案形成记忆，我们提出的方法论是：过五关，斩六将，剩一人。

什么意思？过五关：招聘专员、人力资源副总裁、用人部门主管、用人部门副总裁、CEO。斩六将，剩一人：候选人必须有六名，要从六名中只保留一名。

点评：这个过程可以类比于关羽离开曹操，重返其结义兄弟刘备的阵营的故事。这个故事在中国家喻户晓，几乎每个中国人都耳熟能详。通过巧妙地借用这一典故，解决方案变得易于理解和记忆，让人印象深刻，难以忘怀。

4. 启用大师名字

如果经历了构建模型的过程，我相信老师和研发团队一定会对所研究的领域有更深刻的理解。所以，为了让这个模型产生更强大的冲击力、记忆力和说服力，就要给这个模型取一个非常有高度、有特色的名字。

示例

→ **示例一** 波特对他的模型启用的名字叫"五力模型"。

→ **示例二** 绩效管理有四个步骤：目标、方法、检查、赏罚。我们根据这四个步骤的内在逻辑，将其命名为"绩效飞轮"。

→ **示例三** 张晓岚老师的营销过程为：找到敌人，制定战略，配置战术，全副武装，精准传播，终端决战。我们称之为"全过程奇胜营销战"。为什么用这个名字？因为张晓岚老师这个课程的核心就是完全从竞争对手出发，制定营销策略，出奇制胜，把营销当成一场战争。

在行动教育，这样的示例还有很多，如付老师的"财务三驾马车"，李践老师的"赢利天龙八部"等。这些模型通过独特的命名，不仅给人们带来了强烈的冲击力和说服力，还具有很强的记忆力。李践老师甚至幽默地建议付小平老师改名为"付三马"，以此增强个人品牌的影响力。

形成大师论的整个过程中，老师很重要，而研发团队更重要，因为研发团队扮演的是教练的角色，要影响老师，说服老师，要敢于坚持原则。

很多老师在自己的专业领域取得了成功，并在社会上拥有一定的影响力。相比之下，我们的研发工程师在资历上可能不及这些老师。要让这些老师遵循我们的流程，不仅需要清晰的方法论，还需要坚持原则，不畏权威，有时甚至需要在心理上与老师进行"斗智斗勇"。在他们看来，这些流程可能显得过于烦琐、耗时和复杂。然而，一旦我们引导他们走上这条道路，当他们的思维发生转变时，后续的进展将非常迅速，他们的收获也将非常丰富。这种转变不仅体现在他们的能力上，更体现在他们的气质上。他们变得更加自信，更有使命感。

这是一种什么样的气质？是大师的气质！

有了大师论意味着什么？

意味着大价值！

一位老师曾在一家知名培训公司讲课，享有极高的声誉。他跟随李践老师多年，后来自己创业，在营销界声名鹊起。我曾听过他的课，半天下来，我有两个感悟：首先，非常遗憾，这位老师拥有独到的见解和丰富的实践经验，但客户似乎并未充分感受到其价值。其次，我发现自己难以继续听下去，因为课程缺乏高度，系统性和逻辑性不足，内容显得杂乱无章。

课后，我向他提出了自己的看法："老师，虽然您的课程目前销售火爆，名列前茅，但您注意到了吗？今天上午已经有五六位企业家提前离开了。他们之所以来听您的课，是因为您在营销界的名声，以及您课程的低廉价格，这与您的经验和实战经验并不相符。我经常听李践老师提起您，我认为您的潜力远未得到充分发挥。您知道问题出在哪里吗？"

这位老师自然明白这是事实。他认为课堂上有几位客户离开是正常现象，他为自己辩解说，一个人不可能满足所有人的需求。但他不知道，在行动教育，如果客户中途离开，这被视为一个严重的问题。偶尔一人离开或许可以理解，但如果多人离开，则说明课程肯定存在问题。

很多人质疑，如何确保每个人都满意。当然可以，我们认为，只要课程重实效、有逻辑，怎么可能在三天内还说服不了学员？更何况，您讲述的是普遍规律和常识，客户在来之前已经了解过课程内容，这表明他们有这方面的需求。

这位老师也清楚行动教育的精品课程价格不菲，因此他为自己找了一个理由，称自己很实在。

了解我的人都知道，我说话直截了当。我确实希望这位老师能加入行动教育这个平台。但如果他不能认识到自己的问题所在，与行动教育合作的可能性微乎其微。因此，我直言不讳地对他说："老师，今天我听了您的课，如果要打分，我认为不会超过60分。而在行动教育，及格线是92分。不仅那几位企业家提前离开，我自己也难以继续听下去。

"为什么您的课程收费低廉？因为您自己也觉得它并不值得更高的价格。我相信每位老师都希望他们的课程有价值，而价格往往是衡量价值的一个标准。

"按照行动教育的标准，您有成为大师的潜力。我之所以还在这里，是因为接下来我要说的话至关重要。如果您愿意摒弃过去的成见，按照我们的研发技术重新打造课程，我保证不会有客户中途离开，同时，我也保证您的课程价格至少能提升两倍，并且客户满意度会更高。"

这位老师感到非常惊讶。他曾跟随李践老师多年，对行动教育充满信任。最终，他接受了我们的建议。当他真正加入行动教育这个平台后，他发现自己的职业生涯发生了翻天覆地的变化。他变得更加自信，展现出大师的风范，他的理论更加深刻，他的幽默也受到了学员的热烈欢迎。一位曾经听过他课的学员，在再次参加他的课程后，感慨地对我们说："这位老师已经发生了质的飞跃，他的教学能力至少提升了10倍，几乎认不出他了。"

我们做了什么？我们就是用大师论，这个我们非常骄傲的研发技术，帮助他进行了提升。

大课题

课题来自客户需求，而课题研究的成果则以课程的形式呈现。读者看到这里，会发现传统培训，尤其是高等学府的做法：它们通常先给出一个课题，然后让你探讨这个课题的重要性，接着研究如何解决这个课题。但我们的方法与之相反！

我们认为，真正的大师，最初并不以课题为出发点。他们是在识别客户的问题并找到解决方案之后，才形成大课题的概念。这是一种结果导向的思维，也是以客户为中心的意识，这从根本上决定了课题的活力和受欢迎程度。

此外，一个好的名字至关重要。这句话不仅适用于营销，也适用于课题命名。

20世纪20年代，可口可乐饮料开始引入上海生产，其中文译名为"蝌蝌啃蜡"，饮料的销售状况非常差。很多人开玩笑说，中国人在喝可乐的时候，可能喝到了蝌蚪的味道！于是该品牌专门负责海外业务的出口公司公开登报悬赏350英镑征求译名。当时身在英国的上海教授蒋彝，便以"可口可乐"四个字击败其他所有对手，拿走了奖金。现在看来，这个翻译堪称经典。到今天，"可口可乐"四个字，一直被公认为广告界翻译得最好的品牌名，不但保持了英文的发音，比英文还有寓意，更关键的一点是，无论书面还是口头，都易于传诵。

奔驰刚来中国的时候被翻译成"笨死"，毫无疑问，最终销售一塌糊涂，所以名字很重要。

那么，大师的课题应该如何取名呢？一般来说，有三种取名方式。

1. 特色取名

根据这个课程最大的特色来取名。例如，张晓岚老师的营销模式，其最大的特色就是全过程，就是出奇制胜，同时，整个过程灌输的是一种战争的理念，所以他的课程取名为"全过程奇胜营销战"。

2. 成果取名

根据课程最终达到的成果取名。例如，"四招突破业绩""百分百担当责任""指令落地"等。

3. 问题取名

根据提问的方式取名。例如，"如何聚焦""如何落地价值观"等。

不管是特色取名，还是成果取名，都应当明确并针对你的目标客户群体进行。

笔记

第 4 章

大师出场
——痛点教学

开场

大师如果准备了大痛点、大师论、大课题，这时候就可以出场了。

然而，即便准备得再充分，大师在开场时也必须给学员留下最佳的第一印象。

如果大师在初次亮相时未能吸引听众，那么即便后续内容精彩绝伦，听众也可能选择提前离场，不再给予更多的聆听机会。

因此，第一印象的重要性不言而喻。

开场的三种糟糕情形

什么样的开场是比较糟糕的呢？一般来说，如果学员出现以下几种情况，就说明你急需改进你的开场。

1. 学员缺兴趣

学员缺兴趣，往往源于老师的废话过多，使学员感到讲授内容与自己无关，甚至觉得内容与实际情况相去甚远，缺乏实际应用价值。

学员兴趣缺失时，可能会表现出心不在焉、交头接耳、频繁查看手机、在课堂上来回走动等行为。一旦出现这种情况，老师的讲课效果就会大打折扣。想象一下，老师在台上讲课，而学员在台下各行其是，这样的课堂氛围如何能形成有效的能量场？

在与很多企业的企业家、高管及员工交流时，我们发现了一个普遍现象：很多人对学习抱有恐惧和抵触情绪，既害怕学习，又不愿学习。一位企业家曾对我说，如果能让他的员工爱上学习，他愿意投入任何数额的学习费用。

这种现象的成因复杂。一方面，学员需要反思自己的学习态度；另一方面，他们的苦衷也不容忽视。过去，他们对学习充满热情，愿意参加各种培训，即使费用昂贵。但随着时间推移，他们的学习兴趣逐渐降低，甚至有人戏称，听课比讲课还要累。

我反问他们，难道不知道老师连续站立三天讲课的辛劳吗？难道不知道世界上最令人恐惧的事情之一就是公开演讲吗？

他们回答说，老师虽然辛苦，但至少在台上是自由的。而他们坐在下面，想学却学不到东西，不能随意活动，兴趣索然，这才是真的辛苦。

我能够理解他们的感受，因为我的工作就是四处听课。当课程无法激发我的兴趣时，我唯一的念头就是希望课程尽快结束，让我能够立刻离开。

因此，大师必须牢记：如果在开场时无法吸引学员的兴趣，实际上就是在消耗他们对学习的热情，这是一件非常危险的事情。

> **如果在开场时无法吸引学员的兴趣，实际上就是在消耗他们对学习的热情。**

2. 学员缺震撼

如果无法激发学员的兴趣，这样的开场就是失败的。

即使学员表现出兴趣，但不够震撼，这样的开场同样是失败的。

作为大师，必须铭记，当今的课程琳琅满目，信息传播极为发达，学员每天接触到的信息量巨大。如果你的课程仅仅停留在引起学员兴趣的层面，而未能令他们感到震撼，那么课程的效果必将大为减弱。

要想在众多老师中脱颖而出，大师必须创造出令学员震撼的体验。

通常，未能达到震撼效果的课程，学员在一个月后可能就会将其遗忘。

有时，很多老师难以理解我们的观点。当我们向他们反映课程不够震撼时，他们显得非常惊讶：学员不是笑得合不拢嘴吗？不是有人感动得泪流满面吗？不是有人激动不已吗？他们将这些情绪反应误认为是震撼。

他们忽略了"场"的力量，没有意识到学员的某些反应可能并非完全源自课程内容本身，而是受到了"场"的影响。正如你听到悲伤的音乐会感到悲伤；看到别人笑，你也会不自觉地笑；感受到别人的激动情绪，你也会变得激动。这些都是从众心理的体现。

3. 学员缺改变

如果学员对课程感兴趣，也感到震撼，但最终并未有所改变，那么这样的开场仍然是失败的。

如果学员在课程结束后没有实现转变，老师需要反思自己的开场是否在思想上给予了足够的冲击。我们评价一个大师的最终标准，是他能否让学员发生改变。

很多企业家曾向我透露，他们的"仓库"里存放着大量未被使用的"子弹"，其中一些甚至是来自行动教育的课程。这意味着他们虽然学到了知识，却没有将其付诸实践。有的是因为无法应用，有的是因为不敢尝试。

学员之所以缺兴趣、缺震撼、缺改变，根本原因在于他们感受到的"痛"还不够深。

没有痛，就不会有需求；没有需求，就不会有兴趣；没有兴趣，就不会有震撼；没有震撼，就不会有改变。

> 没有痛，就不会有需求，不会有兴趣，不会有震撼，不会有改变！

有一位在亲子关系领域讲课非常出色的老师，在业界享有盛誉。一次与她交流时，她一谈到自己的研究领域就变得非常兴奋，情不自禁地开始推荐我去参加她的课程。她坚信自己的课程非常出色，并热情地邀请我免费听课，甚至断言我必须参加。

我虽然相信她的课程质量上乘，但自始至终都保持着平静的态度。

她最终带着难以置信的表情看着我，忍不住问道："你有孩子吗？"

我只能无奈地回答，我尚未有小孩。

她听后大笑，我也随她一起笑。

是的，为什么我会无动于衷？因为我没有需求。而为什么我会没有需求？因为她所讲的内容对我来说太过遥远，我没有感受到任何相关的痛苦。没有痛苦，我自然不会有兴趣，更别提震撼和改变了。

什么样的电影能够给人留下深刻印象呢？电影中不能只有好人角色，坏人的存在同样重要，而且坏人必须坏得彻底。因为只有当坏人坏得彻底时，好人的形象才能得到更好的衬托。那么，电影如何在开场时吸引观众的注意力，让观众愿意继续观看呢？关键就在于放大痛苦。因此，一部优秀的电影往往会在开场时描绘激烈的冲突，冲突越激烈，越能吸引观众。

痛点教学三方法

痛苦往往比欲望更能够让人快速改变。

有一条河，河中栖息着很多鳄鱼。它们异常残忍，一旦有人不慎落水，便会遭到它们的攻击。

河中央架设了一座桥，但桥面极其狭窄，安全过桥的成功率仅有60%，很多人在过桥时不幸坠落。

现在，如果我问你，是否愿意冒险过这座桥，你很可能会说，我不愿意，除非我疯了！

如果我提出，如果你能成功过桥，就给你10万元，你或许会回答，风险太大，不值得。

如果我继续加码，提出给你1000万元，你可能会犹豫片刻，但最终可能还是会选择放弃，因为你认为生命比金钱更宝贵。

如果我告诉你，河对岸有你非常喜欢的明星，你是否愿意为了见他/她而冒险过桥？你可能一开始会很激动，但冷静下来后，你可能会重申，生命安全是最重要的。

那么，在什么情况下，你会选择不顾一切地过桥呢？如果有人在你身后放了一把火，不爬过去就意味着被烧死，那时你将毫不犹豫地冲过去，速度甚至比兔子跑得还要快。

以上例子说明人对痛苦的感知力远远大于对快乐的感知力。

这就是人性，就跟我们的健康一样。为什么大部分人平时不愿意去主动预防疾病，而一旦生病了，就急得不得了，砸锅卖铁也要治病，医生说什么，他就做什么。

人们通常在什么情况下记忆最为深刻？如果你自问，或者询问你的朋友，会发现答案往往不是在他们最快乐的时刻，而是在他们最痛苦的时候。

因此，一个真正高明的大师明白，只有触及人们害怕痛苦的本能，才能真正让他们发生改变。

为什么学员没兴趣？因为痛苦的激发不够，也就是说，没有把学员的"伤口"撕开。

为什么学员没震撼？因为痛苦的聚焦不够。也就是说，仅仅把学员的"伤口"撕开还不够，还要在学员的"伤口"上撒把"盐"，持续地、有针对性地加深这种痛苦，否则他们可能好了伤疤忘了痛。

> 把'伤口'撕开后，不仅要撒把'盐'，还要在盐上放点'蚂蚁'。

为什么学员没改变？因为痛苦的冲击不够。也就是说，把学员的"伤口"撕开后，不仅要撒把"盐"，还要在盐上放点"蚂蚁"。

所以，大师应该如何开场呢？

我们建议用痛点教学法，核心就是放大痛苦。

方法一：激发痛苦，撕开伤口。

方法二：聚焦痛苦，在伤口上撒把盐。

方法三：冲击痛苦，在盐上再放点蚂蚁。

激发痛苦

从理论上来说，存在的必然有其合理性。换言之，产品只要存在于市场上，不管它看起来多么不尽如人意，或者面临多么不利的情境，都一定能找到其需求点。

正是因为如此，才会出现很多经典案例：

怎么把梳子卖给和尚？

怎么把冰箱卖给爱斯基摩人？

怎么把斧头卖给美国总统？

怎么把鞋卖给不穿鞋的岛民？

我们今天不在这里讨论是以产品为中心还是以顾客为中心的问题，就课题本身而言，不论课题名称如何，理论上每个人都应该对其有所需求。然而，如果学员对此无动于衷，唯一的原因就是他们的痛苦没有被激发出来。如果学员的痛苦没有被激发，那么提供解决方案也是徒劳的，因为即使解决方案摆在面前，学员也可能不会珍惜，因为他们没有意识到其价值所在。

例如，亲子关系课程，尽管我目前还没有孩子，但如果老师能够深刻地塑造痛苦，关注我未来可能与孩子的关系，或者我与父亲的关系，她同样能够激发我的兴趣。

> 如果没有激发学员的痛苦，一定不要给出解决方案。

再如，"欣赏"这一课题，很多人可能认为它过于简单，难以引起人们的兴趣，更不用说震撼了。但其实关键在于是否能够激发出与这个课题相关的痛苦。

如果一个好的课题未能深入挖掘和塑造痛苦，那么这个课题就失去了它的价值，讲授这个课题的老师也会失去其影响力。

那么怎么挖痛呢？可从四个方面进行：

- 现状；
- 后果；
- 障碍；
- 成功的本质（好处）。

其中现状、后果、障碍都是挖痛，而成功的本质要与前面形成对比，让人们感觉更痛。

从现状着手

什么是现状？就是你要谈的主题在现实中的情况是什么样的。如果你的主题是"欣赏"，那么你怎么挖痛呢？可以从描述现状开始。今天很多企业在欣赏方面的现状是怎样的？例如，不愿欣赏，喜欢批评，不会欣赏，弄巧成拙，等等。如果你的主题是"锁老客户"，那么今天企业老客户的现状是什么？例如，老客户喜欢跳槽；容易被竞争对手诱惑；喜欢跟老员工走；老员工一走，带走一批客户；等等。

从后果着手

什么是后果？就是现状继续下去会导致的后果。既然是挖痛，是放大痛苦，那么后果一定要让人直冒冷汗，不然怎么会改变！具体怎么做呢？可以连问三个"如果这样，会怎样"。通过这样的发问，直到找到让学员冒冷汗的后果。例如，不愿欣赏，喜欢批评，这样的现状继续下去会怎样？人际关系冷漠。如果人际关系冷漠，又会怎样？

员工之间没有凝聚力。如果没有凝聚力，又会怎样？企业会缺乏竞争力，个人也会一事无成，没有成就感。所以，不善于欣赏的后果可以与员工没有成就感挂钩，与企业没有竞争力挂钩，这就足以让人们高度重视"欣赏"这个主题了。再如，对于"80后""90后"的管理，如果管理不好，员工就没有活力，企业就没有创新，最后一定会被市场淘汰！所以"80后""90后"的管理直接与创新力挂钩，与会被市场淘汰挂钩。如果是这样的高度，哪个企业会不重视"80后""90后"的管理，不去改进呢？

从障碍着手

什么是障碍？就是为什么会有这样的现状和后果。这仍然在继续挖痛，就是要把人们内心的阴暗面挖掘出来，让人痛不欲生！例如"聚焦战略"，为什么人们不愿聚焦呢？因为贪婪、诱惑、环境差！又如"价值观落地"，为什么价值观不能落地？因为没有价值观，价值观是错误的，一把手违反企业价值观等。如果障碍剖析得足够深，会相当震撼，让人高度反省！

从成功的本质着手

什么是成功的本质？实际上就是成功的好处，前面的现状、后果和障碍都是挖痛，而成功的本质是对比好处，从而让学员痛上加痛！例如"差异化战略"，差异化意味着什么？意味着高价格、有竞争力，意味着开辟蓝海！

聚焦痛苦

尽管我们明白需要从四个方面激发痛苦，但如何确保这些痛苦被清晰解释，并真正塑造出来呢？接下来，我们将介绍"聚焦痛苦"。

要如何聚焦痛苦，以至于让学员痛得不得了，必须改变呢？我们为大家提供了一个框架（见图4.1），这是一个非常有效的工具，能够帮助我们聚焦痛苦。

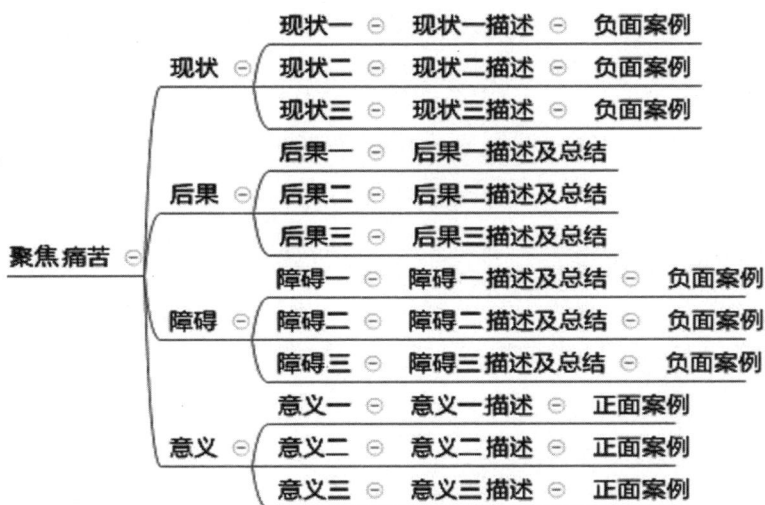

图4.1　聚焦痛苦的框架

这个框架详细描述了大师出场的整个过程，我们甚至将其开发成了软件，以便更高效地应用。

现在，让我们对这个框架进行详细解释。

现状

我们首先来看现状。现状主要由三个部分组成：现状点分析，现状描述，负面案例警示。

1. 现状点分析

一般来说，现状点最好不要超过三个，而且要建模，建模的方法与大师论是一样的。

1）通过简化现状点，构建冲击力。具体要求就是简单直白，有高度。

2）通过概括现状点，构建记忆力。具体要求就是通俗易懂，深入浅出，显示逻辑关系。

3）通过整理现状点，构建逻辑性。具体要求就是识别现状点之间的逻辑关系。

很多人会说，分析现状点太难了吧！如果你在静下来思考后仍然没有方向，只能说明一个问题，你对这个课题的研究还不够深，对这个课题的感受还不够真，对这个课题的实践还不够多！因此，你没有什么感受。

示例

➡ 示例一　"100%担当责任的现状"建模（见图4.2）

图4.2　分析现状建模示例一

如果你这样对现状进行建模，你会发现自己无须死记硬背，因为当需要时，这个模型会迅速在你的脑海中浮现。当你表达出来时，这个模型会对学员有强烈的冲击力。特别是当你一出场就展示这些现状时，能够迅速吸引学员的注意力。

这些现状的发现并非偶然，而是来自你的充分准备。正如我们在上一节中所讨论的，作为一名大师，你需要深入挖掘大痛点。这些现状实际上是对大痛点的高度总结。

➔ 示例二 "沟通的现状"建模（见图4.3）

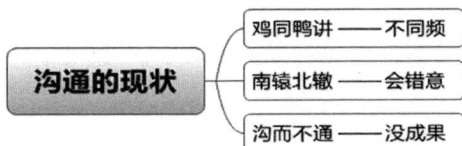

图4.3 分析现状建模示例二

➔ 示例三 "会议的现状"建模（见图4.4）

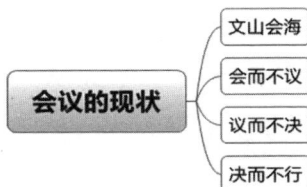

图4.4 分析现状建模示例三

➔ 示例四 "企业在聚焦方面的现状"建模（见图4.5）

图4.5 分析现状建模示例四

当然，描述现状的语言不一定要追求对仗工整，但我们建议尽可能做到这一点，这对老师的授课效果实际上是大有裨益的，可以说是加分项。行动教育对所有老师有一个特别的要求：不允许使用PPT辅助教学。那么，老师如何做到这一点呢？毫无疑问，关键在于构建好记、简单、有冲击力的模型。

2. 现状描述

现状描述是对现状点的描述，需要对每个现状点的具体情况进行逐一描述。仅仅列举现状点是不够的，必须对这些现状点进行深入剖析。

在进行现状描述时，应注意以下几点：

1）简单直白。大师应使用大白话，在表述时应尽量简单。

> 很多老师常犯的错误是将各种信息混杂在一起，这会让学员感到困惑和疲惫。

2）使用短句。尽量使用短句，避免使用长句，因为短句对学员具有更强的冲击力。

同时，要牢记现状就是现状，避免将后果和原因混为一谈。很多老师常犯的错误是将各种信息混杂在一起，这会让学员感到困惑和疲惫，从而严重降低课程的传达效果。

示例

➡ 示例一 以"100%担当责任"为例成功的现状描述

今天企业在担当责任方面的现状是找借口，乱承诺，没成果。

什么是找借口？就是工作中出了问题，找理由，推卸自己的责任。例如，企业经营目标没有达成，销售部把责任推到生产部，生产部推到采购部，采购部推到财务部，财务部又推回到销售部，每个部门都找到了"合理"的理由，于是都可以不担当责任！

什么是乱承诺？有些人好大喜功，喜欢在领导面前表现自己、说大话，轻言承诺、盲目承诺，但只要遇到问题就放弃，根本没有坚守承诺的决心和意志。

什么是没成果？在执行过程中，不去保证100%的成果，而是马马虎虎，随随便便，特别是遇到问题和困难时，不想方设法去解决，而是听之任之，敷衍应对，最后上级如果不追究就可以瞒天过海。

什么样的现状描述有问题呢？就是在描述现状的时候，就开始谈后果，谈原因。我们来看一下失败的现状描述是怎样的。

示例

→ 示例二　以"100%担当责任"为例有问题的现状描述

今天企业在担当责任方面的现状是找借口，乱承诺，没成果。

什么是找借口？就是工作中出了问题，找理由，结果相互扯皮，员工之间钩心斗角，效率低下，严重时导致企业倒闭。

➚ 点评： 在这个现状描述中，我们发现在"找借口"的诠释中，描述的既有现状，又有后果。在学员没有充分认识到现状，对现状没有清晰理解的情况下，直接抛出后果，学员会觉得困惑。

因此，现状描述就是要把现象剖析清楚，描述清楚。

3. 负面案例警示

负面案例是针对现状点的。毫无疑问，既然是塑造痛苦，一定要用负面案例，绝不能使用正面案例，否则会破坏整个逻辑结构的连贯性。这时候的案例要有什么特点呢？要把来龙去脉讲清楚，把人物、地点、原因、情节和后果讲清楚。负面案例和现状描述的不同之处在于：现状描述只需要描述现象，而负面案例要完整地呈现后果和原因。

什么样的负面案例是好的案例呢？有什么特点？

1）惊。惊就是来自强烈的对比和反差。为什么要进行强烈的对比？就是要让学员感觉到痛。

示例

"找借口"现状的负面案例

某制造企业年初下达业绩指标时，销售部夸下海口，承诺业绩达到10-7=3，即盈利为3。但到了年底财务数据却显示为8-9=-1，即亏损为1。面对如此惨淡的经营业绩，总经理召集相关部门负责人开会总结。

销售部发言：销售订单不足，是因为政府今年出台的相关政策，直接打压了市场的购买力，而且公司的产品质量不稳定，返修率高，但整体价格一直居高不下。

生产部发言：今年的客户要求高，原来要求10天交货，现在要求8天。这么赶的时间，工人都在加班加点，怎么可能保障质量！还有就是原料采购到货不及时，质量也不好。

轮到采购部了。采购部坦承了采购中存在的问题，但说主要原因是货款支付不及时，长期拖欠，造成供应商供货滞后，甚至有些优质的供应商停止了合作。

财务部说：不是我不想付款，而是销售部不给力。公司的产品卖不出去，积压了那么多，卖出去的又不能按时回款，造成现金流吃紧，不得不延迟付款。

于是，责任进入了无解的"死循环"。

2）讲自己的故事。如果是自己亲身经历的故事是最好的，如果不是，是自己身边朋友的故事也好，当然，也可以是一些经典案例。

3）聚焦。故事一定要聚焦，把现状、后果、障碍讲清楚，不要东拉西扯。很多人讲故事，不是把来龙去脉讲清楚，而是讲很多与主题没有关系的内容。

同样以"找借口"的现状为例，很多人在讲案例的时候会掺杂一些无关的话。

示例

组织不当的"找借口"负面案例

某制造企业年初下达业绩指标时，销售部经理给自己的团队动员：我们是一个有梦想的团队，因此我们今年的业绩一定要高增长。因为销售部经理非常有权威，也令下属信服，所以最终共同承诺业绩达到10-7=3。但到了年底财务数据却显示为8-9=-1。面对如此惨淡的经营业绩，总经理召集相关部门负责人开会总结。

......

> ➐ **点评**：本例第一段中对销售部经理的描述，显然与主题没有关系，会混淆重点，甚至会让学员迷惑：你到底想说什么，你想给大家描述销售部经理是一个非常有梦想的人，还是想描述找借口的问题呢？

当然，有的时候负面案例可以借用体验、游戏或者视频教学，但要记住，内容都要围绕"负面"设计。

4）讲清来龙去脉。要把故事的前因后果讲清楚，同时要聚焦在主题上。

因此，每位老师一定要建立聚焦的思维，审视自己所说的每一句话是否与当前主题有关？在此情境下讲述是否恰当？所讲这句话的初衷是什么？以前面的案例为例，讲述销售部经理是一个有梦想的人，其背后的意图是什么？若此内容与所要传达的核心观点无关，请立即将其删掉！

后果

后果由三部分组成：后果点分析，后果描述，案例总结。

1. 后果点分析

同理，后果点也不要超过三个，也同样需要建模，建模的标准也是要有冲击力、记忆力和说服力。这里一定要注意，后果一定是与前面的现状相关联的，是现状导致的后果，不能为后果而后果。如果后果与前面的现状没有关系，这个后果显然是没有价值的，也就无法放大痛苦。

实际上,并不一定要把后果与现状分开,有时可以在每个现状讲完后,直接给出后果;也可以把所有现状讲完后,再一次性总结后果,这要看老师自己的风格。

示例

➜ 示例一 "不担当责任的后果"建模（见图4.6）

不担当责任的后果	企业损失巨大
	个人一事无成

图4.6 分析后果建模示例一

➜ 示例二 "不聚焦的后果"建模（见图4.7）

	失去竞争优势
不聚焦的后果	产品做不好
	企业儿多母苦
	客户心智混乱

图4.7 分析后果建模示例二

2. 后果描述与案例总结

后果描述与案例总结是针对后果点的,就是要挖痛,要把学员最痛的那个点挖出来。同时,要对现状分析中的案例进行后果描述,要确保课程内容前后相连,千万不能现状是现状,后果是后果,它们之间失去关系,就麻烦了。

下面以"100%担当责任"为例说明后果描述与案例总结。

员工不愿担当责任的后果是什么

1. 企业损失巨大

员工工作频频出错，而后又相互扯皮，严重的管理内耗导致效率低下，各层级、各部门相互钩心斗角，最后形成恶性循环，给企业造成不可挽回的损失，甚至破产倒闭，就如现状分析中的案例所描述的，销售部把责任推给生产部，生产部把责任推给采购部等，最终没人担当责任，企业损失巨大。

2. 个人一事无成

人们发现，面对问题和失误时，有些人选择不断抱怨、找借口来掩盖和逃避责任，以为这样就能免受任何损失。然而，现实情况是，当一个人将自己的成功或失败、快乐或悲伤、幸福或不幸完全归咎于他人，一旦遇到问题就满腹牢骚，将责任推诿给他人，期待他人做出改变，如此循环下去，他很可能会成为一个永远的失败者。最终，他付出的代价将是一生的幸福、快乐和成功。这样的代价，难道不更加沉重吗？

点评：从这个示例中我们可以发现，后果的阐述往往无须额外引入新的案例进行验证，而是可以基于先前描述的现状进行合理引申。若是在后果的分析过程中，再添加新的例子来进一步说明，则可能使问题变得复杂化。

障碍

障碍由三部分组成：障碍点分析，障碍描述，负面案例警示。

1. 障碍点分析

障碍点分析不要超过三个，也同样需要建模，建模的标准也是要有冲击力、说服力和记忆力。

障碍一定要针对前面的现状和后果分析，如果提出的障碍与前面的分析没有关系，那么这样的障碍会令学员莫名其妙，所以前后必须保持相关性。

但是一定要记住，你所提出的障碍必须抓住要害，直指核心，以激发学员内心深处的共鸣，使他们深切感受到改变的迫切性。

> 提出的障碍一定要抓住核心要害，要让学员产生共鸣，感觉到必须做出改变。

示例

➡ **示例一　"为什么不聚焦"障碍建模**（见图4.8）

图4.8　分析障碍建模示例一

我们发现，很多人不聚焦，并非因为方法，而是因为人性的贪婪和容易受到外界诱惑，同时他们的思维存在问题，常常误以为做得多就是做得好，这其实是一种无知。这些障碍触及了问题的核心，特别是对于那些曾经犯过错误的学员来说，能够引起他们的共鸣，让他们感觉到痛。因此，大师与普通人的不同之处，就在于他们能够直指核心，抓住要害。

➡ **示例二** **"为什么营销瓶颈难突破"障碍建模**（见图4.9）

图4.9 分析障碍建模示例二

➡ **示例三** **"为什么人们不愿承担责任"障碍建模**（见图4.10）

图4.10 分析障碍建模示例三

很多人可能认为，他们自己无法总结出障碍点，觉得这些障碍点并无特别之处。这只能反映出一个问题：你对这个课题的研究还不够深，对这个课题的感受还不够真，对这个课题的实践还不够多！

2. 障碍描述

障碍描述与现状描述是一样的，也要简单直白，同时关键在于要聚焦在障碍点的描述上，聚焦在"为什么"上。

示例

→ 示例一 "聚焦"的障碍描述

为什么我们不愿聚焦呢?

第一,贪婪。

- 我们太贪心,我们想更快;
- 我们期待一夜暴富;
- 我们更想多元化;
- 我们想全方位地投资产品,全方位地开发客户,一网打尽;
- 我们想全面通吃。

第二,易受诱惑。

- 中国改革开放40多年有太多的机会;
- 过去太穷,欲望又多,饥不择食;
- 感觉别人都赚钱,只有自己不赚钱;
- 对未来有太多的幻想;

……

→ 点评:从这个示例中你得到了什么启示?你是否发现有冲击力?是否会引发你的共鸣?原因就是障碍点的描述比较聚焦。讲"贪婪"障碍点时,就把贪婪的现象讲清楚,讲"易受诱惑"时,就把诱惑点描述清楚。而且在描述的过程中尽量用短句,这样说出来的力量会更大,同时整个描述非常简洁,语言直白。

→ 示例二 "100%担当责任"障碍描述

为什么人们不愿担当责任?

因为人们习惯外向思维。

很多人遇到问题找借口，不能坚守承诺，保证结果。表面上看是他们缺乏责任心，深层次的原因在于他们的外向思维，遇到问题都是别人的错，并把一切导致问题的责任推给外界。

外向思维可以让他们不担当责任。一旦遇到问题、遭遇失败，就可以找一万个借口放弃承诺、掩饰自己。一旦他们找到了理由和借口，就可以不保证结果。

例如：

小时候学习不好，妈妈说是老师不好，是老师的错，自己没有错。

小时候摔跤，妈妈打桌子，是桌子不好，是桌子的错，自己没有问题。

今天上班迟到，是因为天气的问题、交通的原因。

企业经营不好，是因为国家政策有问题，上司决策有问题，下属能力有问题，市场变化太快，客户难搞。

今天的生活不快乐，是因为孩子不听话，老公不负责任。

……

都是别人的问题、外部的问题，一切与我无关！

点评：这个示例做到了两个关键点。首先聚焦在障碍点的描述上，同时在描述的过程中尽量用短句，简单直白。

3. 负面案例警示

为了使学员对障碍点有更深刻的认识，我们有时不仅要用语言描述来剖析障碍，还可以辅以案例来加深他们的理解，这时使用的依然是负面案例。当然，如果语言描述已经足够清晰，那么再使用案例就没有必要了。

在这种情况下，案例的使用不必再把来龙去脉描述清楚，而是要将核心聚焦在对深层次原因的剖析上。

示例

"聚焦障碍"的负面案例

为什么人们不愿聚焦？

我们经常听到成功的企业家如此说：

- 昨天一无所有，今天产值100亿，资产几个亿。

研究报告说，2010年全国有25位省长执政纲领中写有：

- 跨越式，超常规。
- 打破常识和规律。

点评：在这个例子中，我们不需要对省长是什么时间、什么原因发布这种执政纲领，会造成什么后果进行分析，我们只需要描述这种现象就可以了，证明人们会受到环境的影响。

成功的本质（好处）

"好处"这个词给人的冲击力不够，我们往往用"成功的本质"来代替"好处"，让观点更加鲜明、更加引人注目。

成功的本质和现状、后果、障碍形成鲜明对比，从而强化主题的重要性。

成功的本质分成三部分：观点提出，观点描述，正面案例说明。

1. 观点提出

观点最好不要超过三个，而且要建模，要符合三大原则：有冲击力、说服力和记忆力。这时候要记住，观点要与主题有关系，要强化主题的重要性。

示例

➡️ **示例一** "100%担当责任"的成功的本质建模（见图4.11）

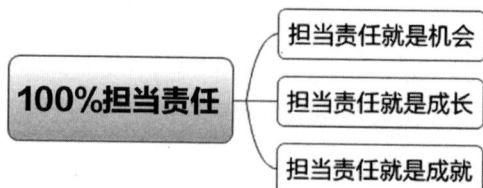

图4.11　成功的本质建模示例一

➡️ **点评**：从这个示例中可以发现，成功的本质直接连接主题担当责任，每个观点非常明确，把担当责任和机会、成长、成就相关联，强化了担当责任这个主题的重要性。

➡️ **示例二** "锁老客户"的成功的本质建模（见图4.12）

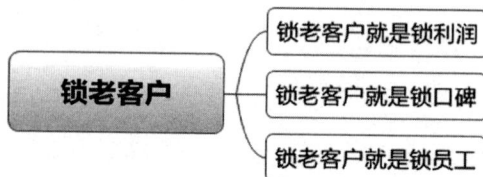

图4.12　成功的本质建模示例二

点评：这个示例把成功的本质与主题连接，每个观点都非常明确、犀利，有煽动性，道理也是显而易见的。例如，"锁老客户就是锁利润"，因为开发一个新客户比服务一个老客户的成本要高很多。服务好老客户，他才会给你转介绍，才会有口碑。"锁老客户就是锁员工"，因为老客户离开，会影响销售，对员工的收入以及心态的影响会很大。这些观点直指核心，强化了锁老客户的重要性。

示例三　"差异化经营"的成功的本质建模（见图4.13）

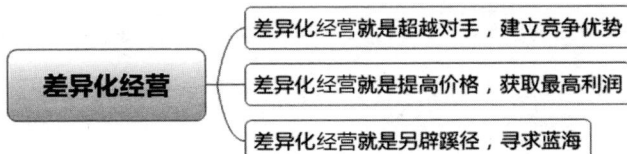

差异化经营

差异化经营就是超越对手，建立竞争优势

差异化经营就是提高价格，获取最高利润

差异化经营就是另辟蹊径，寻求蓝海

图4.13　成功的本质建模示例三

2. 观点描述

观点描述与前面的现状描述、障碍描述是一样的，语言要求简单直白，内容要求聚焦。这时候的描述特别要注意，一定要全部是正面的，千万不要再描述后果、障碍以及误区，否则会影响整个课程效果。如果在观点描述的时候还用一些负面语言，只能说明这个老师的逻辑还是比较混乱的，思路还是不清晰的。

示例

示例一　"100%担当责任"成功的本质观点描述

第一，担当责任就是机会。

越是愿意担当责任的人越能掌握自己的命运；

越能主宰自己的人生；

越能获得快乐和幸福！因为自己是生命的主宰！

担当责任是一种态度。一个人未必什么都会做，但是，当他做任何事情都能全力以赴、担当责任的时候，他就有可能凭借这种态度战胜困难，发挥自己的最大潜力，在工作中、生活中建立自己的口碑，获得更多发展的机会，取得更大的人生成就！

所以，担当责任就是机会。

……

↗ **点评**：从这个示例我们可以看出，对于观点描述，不仅要遵循简单直白、内容聚焦的原则，还要从正面去描述。

➡ 示例二 "锁老客户"成功的本质观点描述

第一，锁老客户就是锁利润。

老客户如果对产品和服务拥有较高满意度和忠诚度，就会为自己的选择而感到欣喜和自豪，因此也就能自觉不自觉地向亲朋好友夸耀，并推荐你这家公司。这样，老客户就会派生出许许多多的新客户，给你的公司带来大量生意。

国外甚至有一种"1∶25∶8∶1"的说法，就是1个忠诚的老客户，可以影响25个消费者，诱发8个潜在消费者产生购买动机，其中至少有1人采取购买行动。

同时，服务老客户的成本远远低于开发一个新客户的成本。老客户不需要用广告吸引，不需要动用公司大量的人力和物力，不需要重新开发新的工艺等。

所以，锁老客户就是锁住利润！

……

↗ 点评：这个示例的观点描述简单直白，并使用生动的数据，很有说服力，也全部是正面描述。

3. 正面案例

前文在分析现状、后果和障碍时，我们使用的案例都是负面的。然而在分析成功的本质这一环节时，我们必须采用正面案例。原因何在？因为成功的本质在于向学员传达其深远的意义，这自然需要借助正面案例来展示。

那么，什么样的案例比较好呢？与我们前面在现状分析中使用的案例要求基本相同。

1）惊、喜、感。惊来自强烈的对比和反差，喜来自老师的幽默，感是感动，能让人潸然泪下，这样的案例都是好案例。

不是说每个案例都需要同时具备惊、喜、感，而是每个案例最起码要符合一个，要么惊，要么喜，要么感。

示例

"100%担当责任"的成功的本质的正面案例

我们来看成功的本质是什么？

第一，担当责任就是机会。

在上海，生意最好的面馆是思南路上的"阿娘面"。这家面馆是全上海口碑最佳、排队最长、最早卖完的面馆。

从来不愁生意的"阿娘面"有什么秘诀?

阿娘说秘诀在汤里。

汤里有独家秘方吗?

没有。

有的只是不论阴晴寒暑,阿娘每天凌晨起床,3点多熬上高汤,然后到鱼市等候第一批上市、最新鲜的黄鱼,几十年如一日。

有人问:生意这么好,为什么不多开几家店?

阿娘说:汤就这么多,汤用完了面就卖完了。

有人问:菜单太简单,为什么不再多开发一些?那样不是卖得更多吗?

阿娘说:能把顾客最喜欢的黄鱼面做好,让品质始终如一,才能对得起客户。

"阿娘面"的成功表面上是汤好,背后却是阿娘的责任心,愿意为一碗顾客喜欢吃的面而担当!这让"阿娘面"建立了口碑,获得了无数的回头客,成为上海生意最好的面馆!

点评: 这个案例在一问一答中形成了鲜明的对比。

2)讲自己的故事。如果是自己亲身经历的故事是最好的,如果不是,是自己身边朋友的故事也好,当然,也可以是一些经典案例。

3)聚焦。一定要聚焦在主题上,避免东拉西扯。

4)讲清来龙去脉。要把故事的前因后果讲清楚。

5）讲细节。因为细节更能够打动人。很多人讲故事变成讲流水账，这是非常糟糕的，本来一个非常动人的故事就被讲废掉了。

示例

失败的故事描述

我曾经听一位同事讲他的故事，他的目的是想通过故事告诉别人，他有今天的成就是因为他是一个愿意担当责任的人。

他是这么说的：

我很小的时候爸爸就去世了，临走的时候把弟弟妹妹交给我，从此我就有了责任。我在读书的时候，坚持边读书边打工，就是为了让弟弟妹妹也读书。后来参加了工作，因为负责任我当上了主管。所以今天我想跟大家分享一个主题——"100%担当责任"。

➔ **点评**：如果故事以这样的方式讲述，那么它无疑是非常枯燥的。听完之后，你会被它打动吗？显然不会，因为它仅仅是流水账式的叙述。然而，如果这个故事中融入了更多的细节，包括在关键时刻人物的心理活动，那么它就会成为一个引人入胜的好故事。

因此，一个故事讲不好的人可能是生活没有情趣的人；一个故事讲不好的人可能不会成为好父亲；一个故事讲不好的人可能不会成为好老公；一个故事讲不好的人当然不会成为好老师。

有些人可能会问，情况有那么严重吗？答案是肯定的。故事是否讲得引人入胜，关键在于你是否投入了心思，是否关注了生活中的细节，以及是否对日常生活充满热爱。

在此，我愿意分享一个关于如何组织故事、如何描述事情来龙去脉的秘诀，这个方法非常有效。

请记住，故事首先应当是真实的，但同时也要源自生活而高于生活，这意味着故事需要经过加工。

你是否有时感到困惑，不知道如何组织故事，从何处着手？尤其是当涉及细节时，就更加感到无从下手？

那么，用什么样的故事才能打动人心呢？如果你没有一个清晰的主题和最终的解决方案，你的故事就缺乏一个明确的起点！看似有很多故事可供选择，却又似乎都不太合适。因此在大师出场之前，需要做好三项准备工作：准备大痛点，准备大师论，准备大课题。

大师论即你的解决方案，也就是说，你需要将解决方案巧妙地融入故事中。如果能做到这一点，你的故事就会变得容易讲述，你的素材也会变得更加丰富。如果你想讲述一个正面案例，你只需将这个案例通过解决方案进行加工。如何加工呢？假设你认为让人们100%担当责任的方法是：首先是内向思维，其次是保证成果，最后是通过责任机制来保证。如果你想把这个故事讲好，就把这三个环节融入你的故事中，这样的故事就是一个好的、有深度的故事。这样组织的故事不仅聚焦，而且来龙去脉清晰，前后呼应。

冲击痛苦

怎样冲击痛苦？实际上就是要不断地总结和重复。人往往有一个特点，就是好了伤疤忘了痛。所以你要不断地唤醒人们的记忆，这时候最好用的绝招就是不断地重复和总结。

总结应从以下四方面着手：

1）现状总结。

2）后果总结。

3）障碍总结。

4）成功的本质总结。

同时，大师在正式演出前，要再一次对以上四个方面进行总结和重复。

很多人会问，你这样反复总结，学员会不会烦呢？不会！实际上不断重复和总结就是一种聚焦的方法，就是一种钉钉子精神。大师给学员进行分享的时候在乎的不是多，而是深；在乎的不是讲了多少，而是学员收获了多少。有的时候少就是多！

> 实际上不断重复和总结就是一种聚焦的方法，就是一种钉钉子精神。

大师出场要多长时间呢？根据我们的经验，如果你的课程为期三天，大师的出场时间应控制在2~4小时，也就是说，需要用2~4小时来挖掘痛点。我们的观点是，如果客户还没有感受到痛苦，我们就坚决不提供解决方案。

我们采用的大师出场方法是痛点教学法，这种方法非常有效，也具有重大意义。行动教育的课程之所以极具吸引力并获得高度评价，正是因为采用了痛点教学法。同样，行动教育的学员之所以在课堂上如此专注，也是因为痛点教学法的运用。

当我向李践老师提出，我在写这本书时会分享行动教育的核心秘诀——痛点教学法，是否会导致泄密，从而使行动教育失去竞争力时，李践老师非常有大爱，有胸怀。他说，我们是一家知识型企业，我们的愿景是让企业持续赢利，基业长青。我们希望更多企业看到这本书，更多老师看到这本书，因为这样能把中国企业的知识管理做好。这是一件利国利民的好事。

这种教学法与商业模式设计非常类似。什么样的商业模式才是好的？当然是能够精准找到并解决客户痛点的商业模式。由此可见，世间万事万物的道理都是相通的。

第 5 章

大师演出

——实效教学

大师已经出场，吸引了众人的目光，学员听得如痴如醉，心中涌起一股立刻想要行动的冲动。

这是因为大师做了充分的准备；

这是因为大师在出场时对课题进行了深入的剖析，学员意识到了改变的必要性！他们的激情被点燃，对大师的分享充满了期待，对未来充满了信心。

此时，学员的内心由刚入场时的不安逐渐变得平静，从最初的抵触逐渐变得期待，从怀疑逐渐转变为信任，他们正等待着大师的完美表现！

然而，对于大师而言，真正的挑战才刚刚开始。

正如一场拳击比赛，在第一回合，你一上场就重击对手，但如果最终胜利者不是你，给观众留下的印象将更加糟糕，因为你破坏了他们对你的期待，他们甚至可能指责你为骗子！

这正是关键所在！

因为你一开场就震撼全场，学员自然对你抱有很高的期望，他们视你为大师，因此你接下来的表现如果不能满足他们的期待，他们将会非常失望。期望越高，失望也就越大。

在高中三年，我每年的总成绩都稳居全校第一。在我们县城，高考前会举行一次模拟考试，我的总成绩在全县排名第三。所有的老师都认为我能够考入北大或清华；我的亲戚朋友都期望我能进入名牌大学，为家族争光；我的同学也对我羡慕不已，认为我的未来前途无量；我自己同样满怀信心，认为前途一片光明。因为那是1996年，当时对于普通人来说，高考是改变命运的

唯一途径，大家都非常重视。

我的成绩出色，人们普遍认为我进入名牌大学是板上钉钉的事，我家甚至已经准备了一场盛大的谢师宴。高考前一个月，我们学校的校长和班主任亲自上门，在我父母面前对我大加赞扬。那段时间至今让我记忆犹新，因为感觉实在是太好了。

然而，高考分数公布后，我只能进入一所非常普通的大学。那时我感到极度崩溃，因为反差实在太大！至今我还记得至少有一个月我不敢回家。我曾在几个同学家中轮流借宿，谢师宴也取消了，我甚至不敢去学校见校长和老师。

作为一名大师，你不能仅仅挖掘问题和塑造价值，还要解决问题，这是至关重要的。否则，学员可能会感到失望，认为你只是虚有其表，没有实质内容。

设想一下，如果一个人生病了，然后去找医生，医生告诉他病情非常严重，说胃功能不佳，肠子里积累了很多废物，肝脏已经完全衰竭，肾功能几乎丧失，甚至大脑里还长了一个肿瘤，只能活30天，世界上没有人能治好，而且10天后将非常痛苦，不能吃任何东西，需要靠呼吸机呼吸，上厕所也需要别人帮助，只能等待死亡……

你认为这个病人此刻会是什么心情？他会感激这位医生吗？不会的！他在哀叹自己命运的同时，可能会怨恨医生。如果医生没有告诉他病情这么严重，他还可以无忧无虑地度过余生。至少对未来还抱有希望，但现在一切都完了，他接下来的每一天都将充满恐惧，等待着死亡的降临。

因此，大师真正的表现应该是为学员提供最佳的解决方案！

就是要把大师的理念深植于学员的内心深处，激励他们采取行动，促使他们改变！

所有的一切都应该围绕解决方案来进行。

如果没有解决方案，就不要开始！

如果没有绝招，就不要上台！

只要有解决方案，即使大师的表达不够完美，至少也能取得成果。

> 如果没有解决方案，就不要开始！如果没有绝招，就不要上台！

那么，解决方案应该如何提供呢？我们强烈推荐行动教育的核心秘诀——"实效教学法"。这种方法非常神奇，它能够将复杂问题简单化，将简单问题系统化，将工具转化为行动，最终确保实施效果。

实效教学法的三步骤

第一步 结构实效

有的老师讲课时让人感到困惑，主要是因为他们的讲解结构不够清晰，内容复杂，缺乏将事情讲明白的能力。如果一件事情讲不清楚，那一定是因为结构没有搭建得当。因此，通过建立一种有效的结构，可以确保你的解决方案能够被有效实施。

这就像搭积木，如果搭得没有规律，积木很容易倒塌。要确保能够清晰地传达一个解决方案，让学员获得最大的收益，就需要从顶层设计做起。例如，如果你想对一家企业有一个全面的理解，最好的方法就是查看它的组织结构图。因此，要想清晰地讲解整个解决方案，首先要做的就是搭建好结构。

自然界中的生物各有其特点，有的动物速度极快，有的动物寿命较长，有的动物能够飞翔，这些差异的核心就在于它们的结构。恐龙之所以灭绝，是因为它们的结构无法适应环境的变化，最终只能被淘汰。

第二步　方法实效

结构搭建好后，接下来就是确保结构中的每个模块（每个方法）都具有实际效果。

如何验证这些方法的有效性呢？需要确保它们可落地，可执行，有步骤，可衡量！然而，很多老师提出的解决方案往往过于抽象，难以在实际中落地。

> 解决问题的方法要可落地，可执行，有步骤，可衡量！

即使你有一个好的结构，如果这个结构缺乏有效的支撑，那么它仍然是空洞的。这就像搭积木，即使你搭建了一个很好的结构，但如果积木本身存在问题，如腐烂或残缺，那么轻轻一碰就会倒塌。

同样，如果大师把结构搭建好了，但结构下的方法缺乏实际效果，那么整个解决方案也是经不起深入推敲的。

第三步　简单实效

要保证真正有实效还要简单。简单不仅体现在语言上，还来自不断总结和重复，否则客户就会记不住。

结构实效

应该建立怎样的结构，才能确保整个解决方案切实有效，确保学员真正获得实用的成果呢？

图5-1是一个结构实效模型。

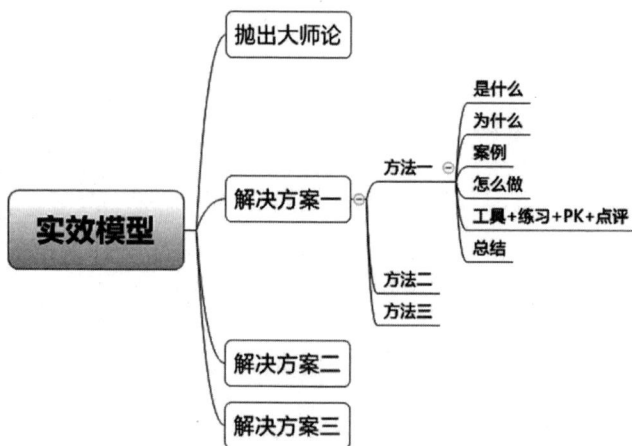

图5-1　结构实效模型

这个结构实效模型由两大模块组成：抛出大师论及解决方案。其中，解决方案由方法组成，方法由六大部分组成：是什么、为什么、案例、怎么做、工具+练习+PK+点评、总结。

抛出大师论

抛出大师论之所以重要，是因为它起到了承上启下的作用。

承上是因为在大师出场时，已经通过塑造痛苦，激发了学员的紧迫感。很多学员已经迫不及待，急切期待解决方案。因此，在塑造完痛苦之后，必须介绍整体的解决方案，以安抚学员的情绪，增强他们对老师的信心。这样，学员会相信，只要跟随老师的思路，就能解决问题，获得成果。

启下是因为大师论已经展示了解决方案的核心思想。它是一个高度概括的框架，其重要作用在于向学员介绍课程的整体结构，使他们对课程有一个全面的认识。这有助于学员跟随老师的节奏，让老师能够更好地引导整个课程，就像乔布斯那样掌控全场。

有时，我感到困惑，为什么有些老师不这样做。他们没有大师论，也不会在分享解决方案之前，清晰地介绍解决方案的精髓和逻辑关系。这确实令人遗憾。这就像你上了某人的车，他一会儿开一会儿停，你完全不知道目的地在哪里，也不知道为什么要停下来，何时会再次停车。想象一下，你的心情会是怎样的？

有一次我去参加一个EMBA总裁班的课程。授课老师背景深厚，同时还是一家上市公司的老总，我们原本计划邀请他到我们的行动教育平台进行分享。上午的课程我听得津津有味，感觉收获颇丰。期间，有位企业家学员因为觉得课程好，便临时召唤他的副总前来一同学习，尽管那时副总正忙于与客户洽谈合同。企业家认为学习机会难得，副总只好中断工作赶来。然而，到了下午，当老师开始分享解决方案时，一连串的案例接踵而至，让人感到疲惫不堪；紧接着的方法论又层出不穷，令人无所适从。最终，这位企业家失去了继续学习的兴趣，感到十分失望，同时面子上也颇为尴尬，在课堂上直接举手，向老师提出了质疑："您到底在讲什么？我们到底该怎么做？"这一举动让老师略显尴

尬，情急之下更显慌乱。试想，这样的情境下，老师后续的课程能讲好吗？显然，难以保证。

那么，应该怎样抛出大师论？步骤有以下三个。

1. 大师论解释

大师论是我们在"大师准备"这个环节已经准备好了的。

这时候就要抛出你的大师论了，既要对每个模块进行简单介绍，又要把这些模块之间的逻辑关系交代清楚。

我们曾经在"大师准备"这一章中说过，大师论是需要建模的，建模要具备三个条件：有冲击力、说服力和记忆力。

示例

→ **示例一** "价值观落地"大师论解释

各位，通过对企业价值观的现状、后果、障碍以及成功的本质的分析，我们发现，企业要想健康发展、基业长青，必须要让价值观落地！那么怎么落地呢？

我们提出上、下、左、右全方位落地价值观！

其中，上指的是一把手工程。总裁亲自负责，高层推动，自上而下。

下是发动群众。要让群众参与到企业的价值观建设中。

左是部门推动。企业的价值观最主要通过领导干部来体现，所以领导干部的表率和榜样作用是非常关键的。

右是人力资源部推动。企业价值观落地是每个部门的事，但是必须要有一个归口部门负责统筹、计划、监督、组织和考核等。

↗ **点评：** 从这个案例中我们可以看出，老师在把学员的痛挖完以后，马上抛出"上下左右落地价值观"这一大师论，而且针对大师论的每个模块（上、下、左、右）分别进行解释。在解释每个模块的时候，老师又诠释了各个模块之间的逻辑关系，让学员对老师接下来怎么讲有一个整体认识。同时，这个模型很有记忆力、冲击力、说服力，便于记忆。

→ **示例二　"全过程奇胜营销战"大师论解释**

各位，通过对企业营销的现状、后果、障碍以及成功的本质的分析，我们发现，如果你要在市场上取胜，必须出奇制胜，用战争的思维来营销，也就是全过程奇胜营销战。那么，怎么出奇制胜、打击敌人呢？

第一步：明确敌人。既然营销就是一场战争，你首先要搞清楚的就是自己的敌人是谁。《毛泽东选集》第一卷第一篇文章第一页的第一句话就是：谁是我们的敌人，谁是我们的朋友，这个问题是革命的首要问题。

第二步：制定战略。明确敌人后，你要弄清楚你与敌人的差距，以及优劣势。你到底是采用进攻战，还是防御战？是游击战，还是侧翼战？

第三步：配置战术。根据你的战略，你要配置相应的战术：你的渠道、你的卖点、你的价格。如果是进攻战，你的渠道就是对门，敌人在哪儿，你就在哪儿，针锋相对；如果是侧翼战，你可以创建新的渠道，传统渠道可能就不去用了。

第四步：全副武装。要把自己武装到牙齿与敌人战斗，让客户听到、看到、感觉到。区隔敌人，打击敌人，如从名字、包装、品牌故事、广告语等方面武装自己。

第五步：精准传播。全副武装之后，如何将你的名字、包装、卖点、广告语传播出去呢？这需要根据敌人的不同，来决定是选择媒体宣传、公关策略，还是终端推广作为传播的主要渠道。

全过程奇胜营销战的核心就是战争思维，每个步骤均以战争思维展开，核心是围绕敌人展开营销。

↗ **点评**：这个案例展示了在挖痛之后，立即抛出"全过程奇胜营销战"大师论，而且针对大师论的五个步骤分别进行了解释，每个步骤之间的逻辑关系也进行了交代，环环相扣，让学员对这位老师接下来讲授的内容有一个整体的认识。

2. 完整案例诠释

大师论讲完以后，最好有一个成功的案例完整地诠释这个方法论。这会让学员对大师论更加深信不疑，实际上这也是一个说服的过程。

示例

"全过程奇胜营销战"完整案例诠释

让我们分析一下真功夫快餐店是如何在短短几年内在中式快餐行业中确立其领导地位的。

首先，它将肯德基视为敌人。在中国，快餐行业的佼佼者并非麦当劳，而是肯德基。因此，真功夫将快餐行业的领头羊肯德基作为自己的敌人。

一旦确定了肯德基作为敌人，真功夫便开始思考自己的战略：是采取进攻战、侧翼战、游击战，还是防御战？在对肯德基和自身的优势与劣势进行全面分析之后，真功夫确定了其战略——进攻战。

确定进攻战后，真功夫针对敌人进行了战术配置。它塑造了与肯德基对立的卖点。肯德基聚焦在炸，真功夫就聚焦在蒸；肯德基的卖点是美味，真功夫则将卖点定位于营养。同时，肯德基的店面开在哪里，真功夫就选择在对面开店：肯德基在机场开店，真功夫也在机场开店；肯德基在商场开店，真功夫也在商场开店。总之，真功夫与肯德基进行了直接的竞争。

随后，真功夫开始全面武装自己，并向敌人发起挑战。例如，它的名字"真功夫"，广告语"营养还是蒸的好"，以及品牌故事等，都是与肯德基形成鲜明对比，以吸引肯德基的顾客。

在传播方面，真功夫的策略非常精准。从虚拟代言人李小龙，到电视广告，真功夫直接锁定了肯德基的广告时间和公关活动。

点评：通过这个案例的解释，我们对整个方法论的过程进行了详细的解读，有力地证实了大师论的有效性。当然，某些情况下，也可以首先展示这个案例，然后从案例中提炼出方法论。不过，无论是先提出大师论，再通过案例去验证，还是先展示案例，再归纳出大师论，编写案例时都应将大师论的理念融入其中，否则案例的说服力就会大打折扣。

3. 介绍课程框架及安排

抛出大师论之后，紧接着应当介绍课程的框架，并具体说明课程的时间安排。如果课程有其独特之处，并对学员的参与有所要求，这也是提出这些要求的合适时机。

为什么要有这个步骤？其目的在于安定学员的内心，使他们对课程内容有一个全面的了解，从而明确个人的学习目标。同时，这也能够提升学员的参与度，激发学员的学习热情。

为什么在这时候抛出？这是一个最佳时刻。如果在课程一开始就介绍这些内容，学员可能不会太投入，他们的脑海中可能会不断质疑："为什么你要给我这些内容？"在这种情况下，学员的内心可能会产生抵触和排斥，对于授课风格和对学员的具体要求也不会给予太多关注和记忆。

示例

"全过程奇胜营销战"课程框架及安排

我们现在已经知道了全过程奇胜营销战的步骤和方法，那么接下来的两天半时间，就是围绕这五个步骤展开。

今天下午的两节课合计3小时的核心内容是"确定敌人"；

明天上午的第一节课1.5小时的核心内容是"制定战略"；

明天上午的第二节课1.5小时的核心内容是"配置战术"；

明天下午的两节课3小时的核心内容是"全副武装"；

后天上午的两节课3小时的核心内容是"精准传播"；

后天下午的两节课3小时的核心内容是"小组通关PK"。

我的授课风格虽然幽默，但更加实效，有很多操作工具，千万不要只记得笑，而忘了记笔记。同时，每个模块讲完，都会有工具，要求在座的学员根据自己企业情况进行练习。在整个过程中，大家如果有什么问题，如没听懂，或者有一些困惑，可以举手，我们一起解决。经过三天的学习，大家可能会有点累，因为课堂就是战场，我们现场实践，所以希望大家全力以赴。今天有来自各个行业、各个企业的精英，我也希望在课程中你们之间能够互动，群策群力。

点评：这个过程是很有必要的，既把课程的大概内容做了介绍，又明确了时间安排，同时把老师特点、授课风格和要求也做了说明。

我们从头至尾都在灌输系统思考和严谨的研发技术，因为这对于大师来说非常重要，这将让大师发生脱胎换骨似的变化。英特华集团董事长杨志明先生正是因为运用了我们研发的这套技术，使得他的演讲能力大幅提升。我仅用了一天的时间，就让他的演讲风格与之前截然不同。一天之前，他的身份还仅是一个普通的分享者，但一天之后，他的表现已经堪比大师。他的演讲结束后，很多学员感到非常兴奋，纷纷与他合影，索要他的签名，现场就有30多家企业表示愿意与他的公司进行深入合作。我相信，在那一刻，他的成就感一定超越了他在企业经营中所获得的满足。

> 系统思考和严谨的研发技术，对于大师来说非常重要，这将让大师发生脱胎换骨似的变化。

解决方案诠释

抛出大师论后，接下来就要对每个解决方案进行详细描述。

> 解决方案建模同样要符合三个标准：有冲击力、记忆力和说服力。

解决方案构成了大师论的核心内容，它们是大师论的一级目录。我们将这些解决方案进一步细化，每个具体的方案被称为方法，这些方法则是大师论的二级目录，如图5-2所示。

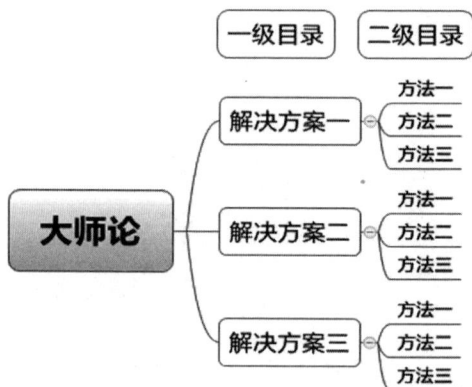

图5-2　大师论目录层级

1. 为每个解决方案建模

显然，每个解决方案都是需要建模的，建模同样要符合三个标准：有冲击力、记忆力和说服力。

示例

"全过程奇胜营销战"为每个解决方案建模（见图5-3）

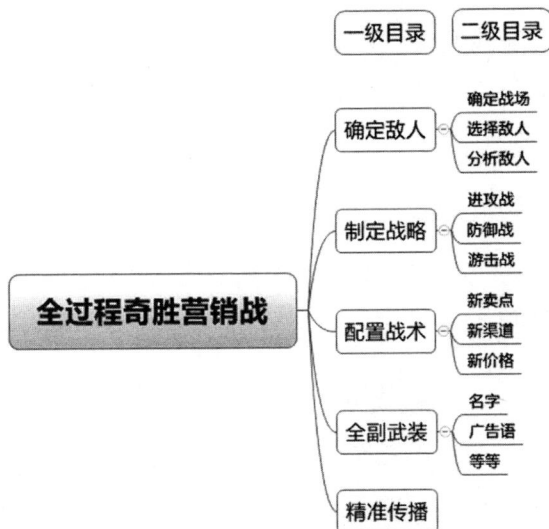

图5-3 全过程奇胜营销战每个解决方案建模示例

点评：我们从这个示例中发现，确定敌人也是需要建模的，它由确定战场、选择敌人和分析敌人组成；制定战略由进攻战、防御战和游击战组成。

如果你仔细留意我们这本书就会发现，我们始终都在强调建模，甚至可以说，炼成大师的过程实际上就是一个建模的过程。

我们从"大师准备"的大师论建模开始，到大师出场时的现状、后果、障碍、成功的本质分析，每个过程都在建模，现在到解决方案的每个步骤，还是在建模。

只有不断反复地建模，才能保证一堂课从头至尾有冲击力！

只有不断反复地建模，才能保证一堂课从头至尾有记忆力！

只有不断反复地建模，才能保证一堂课从头至尾有说服力！

只有不断反复地建模，才能保证课程的系统性、逻辑性、深入性，确保有高度！

只有不断反复地建模，才能确保课程简单。

为什么真正的大师可以不用PPT？

为什么真正的大师不需要死记硬背？

建模是他的核心秘诀！

行动教育的研发人员有一个能力，即听完任何一个老师的课程后，能够完全复原老师的课程，甚至有时比老师讲得更好。这就是因为他在不断地建模：现状建模，后果建模，障碍建模，成功的本质建模，大师论建模，每个解决方案建模，每个方法建模。

养成习惯后，当台上老师讲解时，我们的脑海中会自动建模。一旦这个模型构建完成，我们就能够更容易地记住所学内容，并且，在表达和理解上，我们往往会展现出更强的逻辑性、更简洁的阐述方式以及更具冲击力的观点。因此，确实有可能出现行动教育的研发团队在讲解时，其效果超越了某些专业老师的单独讲解。当然，在这个过程中，学员请尽量不要提问！

我相信，我曾辅导英达华集团董事长杨志明先生的经历，定能让他本人及其企业高管深感震撼。这震撼并非仅仅源于我前面所提的他个人翻天覆地的转变，从分享者蜕变至大师般的存在。真正令人震撼的是，尽管我初涉他的行业，仅仅一天的时间，我便能展现出内行的姿态；尽管我对他的企业一无所知，同样仅一日之隔，我就能让大家感觉我已是其中的一员；而与杨志明先生

的初次相遇，在这么短的时间内，我竟然能让众人感觉我们已相识多年！

何以至此？

原因在于，杨志明先生为了推广企业，精心筹备了一场长达一小时的演讲。他力求完美，旨在正式推广时能够大放异彩，因此召集了所有高管到企业的大教室。演讲结束后，高管略感失望，认为未能达到预期效果。这时，我走上台，接过话筒，完全以杨志明的身份继续讲述，也持续了大约一小时。当我结束演讲时，现场静默了足足五秒钟，随后爆发出雷鸣般的掌声。那五秒钟里，所有人都惊呆了，他们难以置信眼前的景象，觉得不可思议的事情发生了！因为我精确无误地传达了他们内心所想，呈现得近乎完美！他们纷纷追问，我是如何做到的？为何在不了解他们的情况下能讲得如此贴切？我的言辞为何如此具有说服力？今天，我揭晓这个秘密——其实，这背后的核心就是建模！

2. 诠释每个解决方案

我们现在认识到了为每个解决方案建立模型的重要性。那么，我们应该如何诠释每个解决方案呢？实际上，这与介绍大师论的方法是一样的。我们需要对解决方案中的每个方法进行解释，并讲清楚它们之间的内在逻辑联系。

> 需要对解决方案中的每个方法进行解释，并讲清楚它们之间的内在逻辑关系。

"全过程奇胜营销战"中对"确定敌人"的诠释

我们来看营销战的第一个模块"确定敌人"。确定敌人又分成三个部分：确定战场，选择敌人，分析敌人。

其中，确定战场就是确定所处的行业。你到底准备在哪个行业展开竞争？现在你对所在的这个行业是继续坚持还是放弃？如果放弃，那么你又准备进入哪个行业？

选择完行业，就是选择了战场，而行业和战场一旦确定，第二步就是确定敌人。对任何一个企业，我们都建议把行业里的第一名当作敌人。我们的观点是，没有一个企业可以强大到不可被战胜，也没有一个企业可以弱小到不能去竞争。所以，你的敌人就是行业里的第一名。

在确定敌人之后，紧接着就是对敌人进行分析。要全面锁定敌人，从各个角度、由表及里，使用放大镜彻底透视敌人，分析其目前的优势和劣势，了解客户对它的评价以及不满之处，因为这些信息正是你发现机会的关键。

那么，具体怎么确定战场呢？

……

☑ **点评**：从这个示例中我们可以发现，不仅需要解释清楚大师论，每个解决方案同样需要被解释清楚。在解释解决方案时，重要的是要阐明方案中包含的几个方法之间的逻辑关系，并且对每个方法进行详细解释。

方法实效

如果一位大师的课程为期三天，那么每个方法至少应该分配一节课的时间（1.5小时）来讲解。

这意味着，一个课程的核心是由若干个方法组成的。

如何讲解方法将直接影响方案能否成功落地，以及学员最终是否能够取得成果。

要如何清晰、透彻地讲解方法呢？

我们推荐使用一个模型来指导，具体可以参考图5-4。

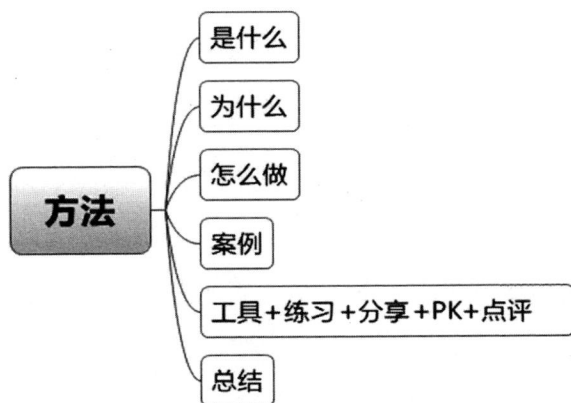

图5-4 诠释方法模型

从这个模型中我们发现，要把方法讲清楚，就要从六个方面层层推进，环环相扣。这六个方面包括是什么、为什么、怎么做、案例、工具+练习+分享+PK+点评、总结。只有这样才能把一个主题讲深、讲透。

很多人会疑惑，从六个方面讨论一个主题，花费这么长时间是否值得？是不是有点浪费？

> 一个课程的效果并非取决于老师讲授了多少，而是学员能够收获多少。

我们的观点是"少就是多"。一个课程的效果并非取决于老师讲授了多少，而是学员能够收获多少。因此，真正的教学应该具有"钉钉子"的精神，深入透彻地讲解一个方法，这本身就是一项了不起的成就。然而，有些老师会贪多求全，担心自己的内容不够丰富，不断地收集资料，但这并不总能带来好的效果。

古语有云："舍得舍得，有舍才有得，小舍小得，大舍大得。"安东尼·罗宾在中国的演讲中，整整一天只围绕"状态"这两个字展开，他因此被誉为真正的大师。

特别要注意的是，这六个方面（方法模型）实际上是一种优秀的思维模式。你永远不必担心自己讲不到点子上，也无须紧张或担心无话可说。很多人站在台上感到迷茫，实际上是因为他们的思维模式出了问题。观察很多大师的演讲，他们每次都能抓住重点，流畅地表达，这是因为他们的思维中已经形成了良好的框架和模式。无论是一分钟还是十分钟，他们都能根据需要，游刃有余地进行演讲。

我曾经分享过自己的经历。高中时期，我成绩很好，本以为能够轻松进入重点大学，但最终未能如愿，只进了一所普通学校。现在回想起来，这样的结果虽出乎意料，却也在情理之中。自幼我的逻辑思维能力就很强，数理化成绩一直很好，高考时每科都在130分以上。但我的短板是语文和英语，尤其是写作文，这两科在高考中都没有及格。

我的化学曾获得湖南赛区奥林匹克竞赛的一等奖，数学也获得过二等奖。然而，即便是在自己学校的演讲比赛中，我也不敢登台，只是对那些辩论高手充满了敬佩。记得大学时有一堂课要求我们进行演讲，每人需要在台上讲5分钟。我做了充分的准备，甚至把演讲稿背得滚瓜烂熟，但当我真正站在台上时，脑子一片空白，完全不记得自己是如何度过那5分钟的，更不清楚自己到底讲了些什么。

命运有时喜欢开玩笑，大学毕业后，我的第一份工作竟然是销售。这份工作对我来说真是个挑战。我印象最深刻的是第一次给客户送礼，我紧张得不知所措，脸涨得通红，支支吾吾了半天，最后把礼物放下就急忙逃离现场。我可能是那位主任见过的最笨拙的送礼者，也许直到今天他都不知道我的名字。

在那个时候，我做梦也想不到有一天我会成为"制造大师"的高手，我会影响这么多从事管理培训的老师，我会成为大师的导演，被李践老师誉为"大师背后的大师"。

现在我能感觉自己发生了一些明显变化。我喜欢站在台上分享，不管给我什么主题，也不管要我分享多长时间，是否事先有准备，我都能够圆满完成。

是什么使我发生了脱胎换骨的变化？

就是思维模式的变化。

今天，当我收到一个主题的时候，首先在我的脑海里闪现的是这个主题"是什么"，1、2、3条；接下来是"为什么"，1、2、3条；最后是"怎么做"，1、2、3条。

示例

> **→ 示例一　"自我介绍"即兴演讲**
>
> 在你的脑海里首先应该闪现的是你是谁（你的特长），1、2、3条；
>
> 你为什么今天要在这里分享，1、2、3条；
>
> 你希望通过你的分享激发别人的行动，1、2、3条。
>
> **→ 示例二　"我爱我的妈妈"即兴演讲**
>
> 什么叫爱妈妈，1、2、3条；
>
> 为什么要爱妈妈，1、2、3条；
>
> 想呼吁大家应该怎么爱妈妈，1、2、3条。
>
> 演讲是不是变得很简单！

接下来，我们对上述的六个方面进行一一介绍。

是什么

> 在解释定义的时候，最好用类比法，就是要用学员脑海里已有的事物进行类比。

"是什么"就是对方法进行定义和解释，对方法的成果进行界定。

在解释定义的时候，最好用类比法，就是要用学员脑海里已有的事物进行类比，让学员理解得更通透、更深刻。

示例

企业精神中的"使命"

什么叫使命？使命就是为什么而存在。对于企业来说，企业为什么而存在呢？德鲁克说，企业的最高使命就是创造顾客！也就是说，企业的使命是为顾客而存在。医生没有患者，医生就没有存在的必要！没有苦难的大众，寺庙也没有存在的必要！所以企业的使命就是为客户而存在，为客户创造价值而存在！

→ **点评：**这个示例对于使命的诠释非常到位，很容易让人理解。通常，使命会被很多老师搞得很神秘，让人觉得很深奥，而一旦神秘化、深奥化，就会与人们脱节，最终不可能被学员学习并应用。如果是这样，再好的东西也是没有价值的。所以在这个示例中，运用类比法快速让人理解使命，把复杂的东西简单化，令人印象深刻。同时把使命要达成的成果也界定好了，即为客户创造价值。

麦肯锡公司的巴拉·明托曾经撰写了一本名为《金字塔原理》的书籍，我个人非常推崇这本书。它阐述了如何构建逻辑框架，如何表达个人思想，对我产生了深远的影响。因此，我经常向一些老师推荐这本书，并习惯性地在一段时间后询问他们的阅读感受和收获。

令我意外的是，他们通常只是微笑着说"挺好的"，我能明显感觉到这只是一种敷衍。于是我认真追问，他们中的大多数人承认只看了书的前部分，后面就没有继续读下去。

我对此感到惊讶，为什么会没有继续读下去呢？但很快我就理解

> " 真正的大师能够将复杂的事情简单化,将简单的事情条理化。 "

了原因。我之所以觉得这本书好,主要是因为它讨论的是我的专业领域,我不仅必须阅读,而且反复阅读了好几遍,直到真正领会了书中的精髓。实际上,我在最初阅读时也感到难以继续,因为这本书确实非常专业,用现代的话来说,就是有点脱离实际。

这件事给我带来了深刻的启示,在我撰写《大师是怎样炼成的》这本书时,我最大的愿望就是不要让它成为一本晦涩难懂的专业书籍,我希望普通人也能够理解它,因此我尽量使用通俗易懂、贴近生活的语言。

真正的大师能够将复杂的事情简单化,将简单的事情条理化。

为什么

"为什么"就是要阐述这个方法的价值和意义。

示例

聚焦战略中的"靶心原则"价值塑造

为什么聚焦战略要遵循"靶心原则"呢?

因为只有瞄准靶心,才能命中目标。

如果找不到焦点,就会浪费子弹,就会像机关枪打鸟、大炮炸蚊子。所以,要像激光一样聚焦,只对准一个焦点。

靶心原则就是遵循成功的法则——20/80法则:

20%的核心事件决定80%的成果;

20%的产品创造80%的收入;

20%的客户带来80%的利润；

20%的员工带来80%的业绩。

20%的比例还不够聚焦，

我们要在20%中找20%，再从20%中找20%，

最后聚焦在1%，一个焦点上。

↗ **点评**：这个示例解释了为什么要遵循靶心原则。整个过程采用的是短句，简单、直白。

怎么做

在六个方面中，最关键的实际上是"怎么做"。因为"怎么做"才最终决定学员是否能有成果。

怎么做就是步骤、流程；

怎么做就是操作的标准；

怎么做就是具体的动作、行为。

什么叫动作和行为？就是可以观察到的、可以验证的。

如果是这样，怎么做就不能是大而空。

什么叫大而空？就是学员听完以后，不知道从哪里入手，无法落地！

例如，如果仅是泛泛地说要统一思想，要研究对手，要有好的企业文化，要加强培训等，这些都不是动作，因为不能观察到，也无法验证。

为什么有的人离大师就差那么一点点？

> 今天理念多得满天飞，缺的是落地，是行动！所以只要是不能具体到可验证的行为，就要不断地问：'具体怎么做呢？'

就是因为没有总结成具体的可以落地的行为。

今天理念多得满天飞，缺的是落地，是行动！所以只要是不能具体到可验证的行为，就要不断地问："具体怎么做呢？"

例如，如果你的步骤是统一思想，就要问："具体怎么统一思想呢？"一定要确保最后的行为是可以衡量的，是可以观察到的。

这个过程正是检验大师真功夫的时刻，需要观察他是否真的经历过、成功过，否则他可能无法给出答案。

换句话说，这个过程直接关系到你的课程是否具有可操作性。有些老师的课程之所以给学员留下缺乏可操作性的印象，是因为步骤过于笼统、过于抽象，难以落实到具体行动中。

在这种情况下，建模工具仍然是非常有用的，通过建模可以将复杂事物简化，使之更易于理解和执行。

示例

→ 示例一　价值观落地中"如何梳理价值观"

如何梳理企业核心价值观呢？

1. 从三个维度梳理

1）从行业特性上：在我们这个行业，要获得成功最应该信奉的原则是什么？

2）从客户价值上：客户最期望我们提供的核心价值是什么？

3）从企业愿景上：我们企业要实现未来的愿景（远大战略目标）应该信奉的原则是什么？

请每个团队成员针对以上三个维度，为每个维度找出1~3个最重要的原则。

这样的核心价值观就能够支撑行业发展，支撑客户价值创造，支撑企业愿景实现。

2. 团队达成共识

1）合并同类项。由总裁汇总每个成员提炼的原则，如果原则相同，则合并同类项。

2）选出核心。针对合并后的原则由总裁组织团队成员进行逐一比较，并按照原则的重要程度进行排序。

3）最终的核心价值观由总裁做出决定。

4）根据最佳实践，企业的核心价值观不能超过6个，最好为3~4个，核心太多，员工就会无所适从。

⚡ **点评**：从这个示例中我们可以看出，步骤非常清晰，而且能够落地，每个步骤的行为和动作都可以被观察到，可以被衡量，非常具体。

➡ 示例二　价值观落地中的"如何发动群众"

怎么让价值观落地？要发动群众，让基层员工参与到企业文化的建设中。具体怎么做？

1. 树标杆，讲故事

每两个月要求各部门组织故事分享会。在分享的时候一定要围绕价值观去分享。要说明故事里体现了企业什么样的核心价值观。把那些好的故事整理成册，组织员工尤其是新员工进行学习。

2. 唱企业歌曲

1）将企业的核心价值观融入企业歌曲中，通过定期举办员工企业歌曲比赛，让员工在轻松愉快的歌唱过程中自然而然地记住企业的核心价值观。

2）在每次大型会议正式开始前，组织与会人员齐唱企业歌曲，以此作为会议的开场。

➡ 示例三　四招突破业绩里的"玩圈子——让客户转介绍"

那么怎么玩圈子呢？我们的方法是使自己逐步成为"四种人"。

第一种人：成为客户喜欢的类型

这涉及培养与客户相同的兴趣爱好。例如，如果客户热衷于打高尔夫球，那么他身边很可能聚集了一群同样喜欢这项运动的朋友。如果你也对高尔夫球感兴趣或球技高超，客户自然会愿意将你介绍给他的朋友。因此，你需要首先了解客户的兴趣爱好，并以此为切入点，融入他的社交圈。

第二种人：成为客户的110

这主要是通过提供与交易无关的服务，让客户形成一种条件反射："有困难就找［你的名字］。"例如，帮他照顾家人，帮他的朋友解决难题等。

第三种人：成为客户的学生或弟子

通过拜客户为师，成为他的学生或弟子。人们通常喜欢被尊重，如果你能以谦逊的态度，不断向客户请教，客户也会乐于扮演"好为人师"的角色。如果客户无法解答你的问题，他可能会帮你联系他的朋友来解答，这样你就又成为他朋友的学生。

> **第四种人：成为客户的专业顾问**
>
> 通过提升自己的专业技能，为客户提供实际问题的解决方案，使自己成为客户智囊团的一部分，让客户的高层管理人员和合作伙伴都愿意接受你。
>
> ↗ **点评**：这个例子很好地展示了善于总结的能力，建模工作也做得很出色，并且能够具体到行动步骤。当然，这个模型还可以进一步扩展到具体的行动计划中。

案例

"怎么做"和"案例"的联系是非常紧密的。有时是先讲一个案例，再对这个案例进行总结，把怎么做的步骤和方法整理出来。也可以先介绍怎么做，再举一个案例来佐证，要视具体的情况而定。

这个环节对案例有什么要求？

1）不要超过三个案例，最好是两个案例。

2）如果是两个案例，一定是一个长案例和一个短案例。

3）千万不要一个案例接一个案例，这会让人感觉在浪费时间。

4）长案例一定要剖析清楚，这个案例直接决定"深入性"。为什么有的学员觉得你的课程没有深度，原因就是你的案例不够深入，来龙去脉没讲清楚，在案例中没有交代细节。

5）这个案例必须包含"怎么做"的所有步骤，并且与"怎么做"的描述相呼应。如果案例与"怎么做"无关，或者只涉及了"怎么做"的部分内容，那么这个案例就不能算是一个优秀的案例。

6）案例最好是自己的最佳实践，因为讲自己所做，做自己所讲，会显得尤为生动且具体。同时，若能融入自己的成功经验，则更能增强说服力。

我们公司曾有一位精品课老师，其教学经验极为丰富，累积了很多成功案例。然而，在讲课时，他倾向于逐一展示这些方法对应的案例，却未能对每个案例进行深入剖析，显得有些浮于表面，如同蜻蜓点水般。尽管这些案例颇具代表性，但学员普遍反映课程缺乏深度，甚至有学员在反馈中直接提出："请老师深入剖析一个案例！"采纳建议后，该老师转而专注于每个方法的一个核心案例进行深入分析，此举大获好评，学员普遍表示收获颇丰。

与此形成鲜明对比的是，行业内另一位知名老师，他在讲述案例时栩栩如生，情节连贯，能轻易将学员带入案例的情境中，引发强烈共鸣与震撼。然而，他的课程评分却不尽如人意，学员反馈中常见："老师的案例确实很吸引人，但我不知如何应用到实际中。"学员普遍评价其课程"缺乏操作性"。我亲自旁听后发现，问题根源在于他过于侧重案例的叙述，而忽视了总结归纳。每次案例讲述完毕，未能有效提炼出案例背后的逻辑框架与实用方法，从而导致学员感觉难以将所学转化为实际操作。最初，面对"缺乏操作性"的评价，他颇感意外与不悦，认为自己的课程在操作性上本应出类拔萃，却未料到会收到如此反馈。

所以案例与"怎么做"一定要相呼应。我们来举例说明。

示例

→ 示例一　价值观落地中"如何梳理核心价值观"

行动教育公司——

- 培训行业特性：行动教育作为一家培训公司，要在这个行业获得成功，关键要坚守三个原则，即梦想、激情、有底蕴。
- 愿景导向（做自己想做的人）：快乐、梦想、精进、自由。
- 客户价值导向：实效、实战、实用。

最后通过价值观比较并排序，行动教育的核心价值观为梦想、实效、精进、快乐。

阿里巴巴公司——

- IT行业特性：拥抱变化、激情、创新。
- 愿景导向（让天下没有难做的生意）：客户第一、团队合作、激情、敬业。
- 客户价值导向：诚信、共赢、方便、便宜。

最后通过价值观比较并排序，阿里巴巴的核心价值观为客户第一、团队合作、拥抱变化、诚信、激情、敬业。

沃尔玛公司——

- 零售行业特性：客户服务、便宜、高效。
- 愿景导向（让穷人也能享有富人生活）：追求卓越、尊重个人、服务顾客。
- 客户价值导向：客户服务、便宜、高性价比。

最后通过价值观比较并排序，沃尔玛的核心价值观为尊重个人、客户服务、追求卓越。

所有卓越公司都是如此。GE前总裁杰克·韦尔奇就是通过这个过程找到GE的核心价值观，并统一思想、达成共识的。

点评： 从这个示例中我们可以看到，通过三个维度整理价值观的整个过程，并通过案例进行了详尽的阐述，这间接证明了"怎么做"这一方法的有效性。

➡ 示例二　四招突破业绩中"玩圈子"

我有一位客户，担任行动教育联盟企业的负责人，他的企业主营品牌内衣，并在全国拥有上百家经销商。

当他的企业因为整体经济环境的低迷而遭受销售额的大幅下降，同时内部团队士气低落，外部经销商也信心不足时，我们立刻决定要给予他支持。

首先，在月中，我们免费为他的企业举办了一场关于员工心态的培训，这使得员工士气大增，企业的工作效率显著提高，销售额也开始逐步回升，这让他感到非常高兴。

到了月底，我们又为他举办了一场经销商大会，进行了团队建设和盈利目标的梳理。在最后的订单签订环节，经销商们情绪高涨，对企业的产品充满信心，并当场承诺将完成签订的业绩指标。

会议结束后，他深受感动。几天后，他打来电话，询问我是否有空，并表示希望介绍几位朋友给我认识。

最终，这些朋友的企业也成为联盟企业，并且成为行动教育的忠实拥趸。

实际上，传达信息并不局限于讲故事，可以采用多种形式，其中比较典型的有三种：现场体验、游戏以及视频教学。

无论是现场体验、游戏还是视频教学，都必须遵循案例的六个要求，其中核心要求是，与"怎么做"相呼应、相匹配，并佐证"怎么做"。

有时现场体验或游戏与主题的联系并不紧密，这通常是因为游戏设计存在问题，没有充分考虑如何体现"怎么做"。游戏的目的是反映"怎么做"，因此，一个设计精良的游戏同样需要精心策划。

如果游戏、视频教学和现场体验策划得当，它们通常会非常有效，对整个课程有显著的提升作用，因为这些活动具有更强的趣味性、参与性和说服力。

当然，今天我们在这里不会重点介绍如何进行现场体验或设计游戏，而是要向大家介绍这些活动背后的逻辑关系和注意事项。实际上，当你掌握了这些知识，你就可以自行设计一些游戏和体验活动，或者对现有的活动进行适当的改编。

工具+练习+PK+分享+点评

1. 工具

一般来说，如果有了"怎么做"，就一定能够设计出工具和图表，图表实际上就是将"怎么做"图表化。

为什么要把每个方法工具化、图表化？

这个太重要了。有些人会不屑，因为在他们的心中，图表意味着无趣，意味着枯燥。这种想法其实大错特错。人们对什么最容易形成记忆？是一篇文章，还是一张图表？

> 图表给了学员掌握方法的路径、规范思路的框架和系统思考的模型。

当然是一张图表。图表给了学员掌握方法的路径、规范思路的框架和系统思考的模型。

所有的方法如果不能工具化、图表化，就意味着这个方法的步骤有问题！

能否把方法转换为图表是检验"怎么做"是否能够落地的重要标准！

一位老师曾经问我，如何才能实现你们所说的具备可操作性和可落地性。我回答说，当你将所有的方法都转化为工具化、图表化的形式时，就基本上达到了要求。那位老师表示，他的一些方法无法通过图表来展示。我告诉他，这可能意味着他的方法存在问题，因为如果方法过于抽象或笼统，就很难具体实施。

示例

➡ 示例一　价值观落地中"如何梳理核心价值观"图表设计

表5-1把梳理的三个维度用图表形式展现出来。

表 5-1　梳理核心价值观的方法

维　度	原　则
客户导向	
产品导向	
行业导向	

➡ 示例二　价值观落地中"发动群众"的工具设计

具体方法见表5-2。

表 5-2 发动群众的方法

项 目	责 任 人	执行时间
故事分享会		
歌曲比赛		
升旗仪式		

2. 练习

有了图表和工具，接下来就需要练习了。一个好的老师会至少留

> 练习过程很重要，会加强学员对方法的记忆，让学员印象深刻。

10分钟的时间给学员进行练习，这个练习过程很重要，会加强学员对方法的记忆，让学员印象深刻。

在练习的时候，一定要强调与自己的实际情况进行结合，这样才会有针对性！

在练习的过程中，老师还可以进行现场辅导，因为每位学员的接受能力和理解水平都不尽相同。有些学员可能在听完讲解和案例分享后仍然感到困惑。在实际练习的过程中，结合实际情境，再加上老师的辅导，可以帮助他们更好地理解和掌握知识点。

3. 分享

练习结束后，课程并未真正完结，此时可以实施A/B搭档分享环节。这指的是将每组的学员两两配对，其中一位学员标为A，另一位为B。接着，A首先向B分享自己的练习成果，随后B也将自己的成果分享给A。这一过程旨在促进学员间的相互学习，加强对方法的记忆，确保每位学员都能从中获得成果。虽然有时也可以让全组10名学员共同分

享，但这样做可能会耗费较长的时间。

4. PK和点评

为了让学员获得更佳的学习成果，我们通常会在现场组织PK环节。这时，小组可以选出代表上台分享。竞争的压力往往能激发学员更加专注和投入。为什么许多人热衷于观看《超级女声》？原因在于PK环节的存在。同样，人们喜爱《中国好声音》也是因为PK。试想，如果没有PK，李宇春等超女是否还能取得今日的成就？对于我们自己而言，在人生旅途中，如果没有竞争，我们能否如此迅速地成长？在企业间，如果没有竞争，我们是否还能享受到如此多提升生活品质的产品和服务？

通过将学员分组，并让小组之间进行PK，可以迅速提高学员的参与度。同时，由于课堂上老师的时间有限，而学员众多，老师不可能对每个人都进行个别指导和点评。通过小组形式，由小组代表来分享，老师的点评就能对所有学员产生指导作用。学员可以由此触类旁通，从而最大化每位学员的学习收益。

点评环节是检验老师能力的关键环节，它考验老师是否能够抓住重点和要害，也反映了老师的深厚功底。如果老师的点评不够精准，学员可能会感到失望，这将直接影响课程的整体效果。

简单实效

怎样做到简单实效呢？不仅语言要简单直白，同时还要不断进行总结。

抛出方法论后要总结。

给出每个解决方案后要总结。

给出每个方法后要总结。

"怎么做"也要不断总结。

实际上，总结始终贯穿于我们的整个课程之中。为何要总结？因为学员已投入大量时间用于构建模型、提炼重点，这些正是课程的精髓所在，故而需要不断地重复，重复，直至深植于心！

为了进一步增强学员的记忆，整个重复过程可由老师引导学员共同参与。例如，老师可以提出模型，随即要求学员进行回答，以此种方式迫使学员在脑海中巩固模型的印象。这一切努力的目的，都是为了在学员心中种下记忆的种子。唯有当这些记忆生根发芽，学员方能在实际工作中遇到难题时，脑海中能迅速形成条件反射，调用解决问题的模型和方法论。进而，他们才能自信地将这些方法传授给他人，激励更多人付诸行动！

> "这本书谈得更多的是如何进行知识管理，而今天很多企业在知识管理上做得并不好。"

看到这里，你就会发现，《大师是怎样炼成的》这本书不仅是关于如何演说、如何讲课的，实际上这本书谈得更多的是如何进行知识管理，而今天很多企业在知识管理上做得并不好。

知识管理做不好，一旦老员工离职，他们的最佳实践经验也将随之流失。

- 知识管理做不好，优秀员工的宝贵经验就难以在团队中共享，这将阻碍知识价值的最大化。

- 知识管理做不好，企业难以实现规模化发展，因为复制和传承机制无法建立。

- 知识管理做不好，企业向高新技术或知识密集型模式的转型也将难以实现。

对那些行业领军企业而言，知识管理的价值可能超越了技术和产品本身，它能够为社会创造更大的价值。如果忽视了这一点，将是极大的遗憾。

我们认为，在所有行业的价值链中，显而易见的是，原材料、机械、设备、研发、营销、品牌和渠道固然重要，然而，还有一个非常重要的资源——知识，它同样能够带来可观的利润。如果你的企业能够高度重视知识管理，那么值得祝贺，因为你可能即将开辟出一片蓝海，领先于你的竞争对手。

第 6 章

大师谢幕

——行动教学

好了，随着课程接近尾声，大师也即将告别讲台。

学员感到非常兴奋，他们已经认识到了自己面临的问题，并掌握了改进的工具和方法。

然而，他们是否已经开始行动了呢？

可能还没有！

这正是当前很多企业在学习过程中遇到的普遍问题。学员在课堂上充满激情，但回到企业后却未能付诸行动。

如果这种情况发生，老师的课程就可能会受到质疑！

一些老师可能会辩解说，我已经尽了全力，学员不采取行动与我无关。

但是，学员的看法可能不同。他们或许会承认你的课程内容讲得很好，但如果课程内容不能转化为实际行动，或者未能激发他们采取行动的动力，他们就不会认为这是一堂好课，也不会认为你是一个好老师。因为，衡量一个课程的最终成果就是两个字"改变"。

> 衡量一个课程的最终成果就是两个字'改变'。如果没有改变，任何课程都等于零。

如果课程没有带来变化，那么无论其内容多么丰富，都等同于无效。

那么，什么才意味着真正的改变呢？这种改变要么是思想上的，要么是行为上的！

我们如何判断一个人的思想改变了呢？归根到底，这种改变需要通过其行为来体现。

因此，说到底，评估一个课程是否落地，关键在于观察学员的行为是否发生了改变。

无论是痛点教学还是实效教学，其核心目的都是激发学员行为上的改变。

然而，一个人意识到问题的存在，是否就意味着他会采取行动进行改变呢？

不一定，他还需要具体的方法。

同样，即使一个人掌握了改变的方法，是否就意味着他会付诸实践呢？

也不一定，他还需要有决心，需要得到正确的引导和支持。

有位企业家对学习充满热情，几乎学完了我们公司的所有课程，他甚至自嘲说自己快成了学习专业户。我曾亲自到他的企业进行调研，并询问他对课程效果的看法。他反馈说课程非常好，认为我们的老师讲得很棒。我进一步询问他最喜欢哪个课程，他回答说是赢利模式。当我再问他哪个工具最实用时，他却表示不知道。原来，尽管他学完了课程，却没有将所学应用到实践中，他形容这些工具虽好，却都闲置在库房里。

爱学习无疑是件好事，但如果只是学习而不实践，就存在问题了。我好奇地询问他为何不将这么好的课程内容应用到公司中。他的回答颇为令人震惊：首先，回到公司后缺乏学习的氛围；其次，没有人监督他，缺少了课程现场的那种压力；最后，应用过程中缺少辅导，因此不敢轻易尝试应用。

这给了我们什么启示呢？

对，在课程结束的时候，我们要让学员下定决心去改变。这才是完美的谢幕！

这就好像踢一场足球，你已经把球踢到对手的禁区里，就差临门一脚。

而一个大师，一定会善始善终，让学员下定决心发生改变，不虎头蛇尾。

那么，在课程即将结束的时候，作为大师，你还需要做些什么呢？

第一，要求学员制订行动计划。

第二，要求学员分享行动计划。

第三，要求学员承诺实施计划。

第四，要求跟踪学员行动表现。

制订行动计划

在课程结束前，制订行动计划是一个非常重要的环节。

试想一下，如果在课程现场学员都不愿意、不能够制订一些具体的实施计划，你怎么奢望他回去行动呢？

那么，具体该怎样制订行动计划呢？我们提出制订行动计划的五要素，这五要素缺一不可。

> 制订行动计划五要素：改进事项、责任人、达成标准、检查人、赏罚承诺。

1）改进事项：你准备回去以后做什么？

2）责任人：谁来完成这件事？

3）达成标准：具体要做成什么样子？达成的成果是什么？

4）检查人：这件事情由谁检查、谁评

估？我们强调没有检查就没有结果，信任不能代替检查！

5）赏罚承诺：如果做不好，怎么办？

具体详见表6-1。

表6-1　学习改进行动计划

序号	改进事项	责 任 人	达成标准	检 查 人	赏罚承诺

很多学员在私下对行动教育的课程和老师有过非常精辟的评价：很多培训公司要钱，但行动教育要命！

为什么学员会这样评价？因为行动教育的课程安排非常饱满，从课程的逻辑上也层层推进、环环相扣，学员必须全力以赴才能跟上课程节奏，而这一切都是为了让学员获得最大成果，所以学员才会有这样的感慨。

很多学员没有养成这些习惯，他们往往在学习结束后便不再深究，从未思考过学完之后还需要制订行动计划。因此，当我们提出这样的要求时，他们常常只是应付了事，认为行动教育只需把课程内容讲解透彻即可，至于我如何实践，那便是我个人的事了，无须他人干涉！

我们确实无意过度干涉，但既然我们已经完成了99%的工作，为何不让那最后的1%也尽善尽美呢？

制订行动计划的过程，其意义不仅在于促使学员对所学课程进行回顾与总结，以加深理解，更重要的是，它能让学员在知识的热度未减之时，直面工作中最棘手的难题，并确定改进的优先次序；这一过程也是引导学员深入反思自身企业及现状的契机，帮助他们找到解决问题的关键突破口！

分享行动计划

制订完行动计划后，接下来就是要求学员相互分享行动计划。
这时候的分享是有技巧的，我们建议分三个步骤进行。

1. A/B搭档分享

这一步骤涉及将所有学员配对成A/B搭档。首先，由A搭档向B搭档分享自己的行动计划，B搭档需要认真倾听并提供反馈。接着，B搭档也向A搭档分享自己的行动计划，A搭档同样需认真倾听并积极给出反馈。

为什么要进行A/B搭档分享？当两个人结成搭档时，他们之间会自然产生一种责任感。由于只有两位成员，交流的私密性较高，双方的分享和反馈可以更加深入和毫无保留。当对方从一个完全中立的立场提出建议和反馈时，学员就能够进一步完善自己的行动计划。此外，通过双方的分享，学员也获得了额外的相互学习机会。

行动教育经常运用A/B搭档分享这一工具。

行动教育每月都会组织一次读书会。到目前为止，我已经收到了公司免费发放的100多本书。尽管书是免费提供的，但公司对读书会有着明确的要求，总裁李践老师对此非常注重，并持有严格的标准。公司要求行动教育的员工必须精读这些书，即在每本书的每一页上对重点内容进行标记，对每个章节进行总结，并

最终制订出改进计划。

在每次的读书会上，A/B搭档的角色显得尤为重要。由于参与人数众多，不可能对每个人的阅读情况逐一检查，因此要求A/B搭档之间相互检查，核查工作要细致到每一页，包括对行动计划的检查。

检查完毕后，A/B搭档还需要相互分享各自的阅读体会和反馈意见。

2. 小组内部分享

在A/B搭档分享结束后，接下来进行的是小组内部的分享。通常由小组组长负责组织，安排学员围成一圈，依次分享自己的内容。这种分享有助于每位成员的行动计划得到进一步的补充和完善。

3. 小组代表分享

最终，每个小组选出一名代表在全班面前进行分享，这能够将个人的或小组的学习成果和心得体会扩展至整个班级。在这一过程中，老师的点评至关重要。老师的点评不仅针对分享的代表，更旨在指导全班学员。老师对课程的重点有着清晰的认识，因此，他的点评将聚焦于这些重点上。

承诺实施计划

一件事情是被迫做容易成功，还是自己主动做比较容易成功呢？

当然是主动做！

怎么让学员主动做呢？

就是让学员主动承诺。

1. 公众承诺

我们建议学员将行动计划额外复印两份，一份提交给自己的上级或检查者，另一份则张贴在显眼的位置，以便同事们能够看到。这一做法旨在推动学员采取行动，不留退路，接受公众监督。

2. 现场演练

我们安排的三天课程，在第三天下午通常不设置新的学习内容，而是让学员做些什么呢？

就是让学员依据三天里学到的知识点，系统且全面地制订自己的解决方案和行动计划。接着，要求他们上台来分享并进行PK，同时安排评委进行打分和提问。评委提问的原因是什么？是为了检验学员所分享的解决方案和行动计划是否切实可行，是否贴近实际。

对于得分最高的，我们会给予奖励；而得分最低的，则需要接受一定的惩罚，如做俯卧撑。

这个时刻往往是三天课程中最激动人心的时刻，每位学员都希望能够将自己三天的学习成果以最佳状态展示出来。他们所关心的不是可能要做俯卧撑的尴尬，而是团队的荣誉，他们为了团队的荣誉而努力。

因此，在这一环节中所展现的，不仅是解决方案和行动计划，还有学员的斗志和决心。当学员在众多同学面前做出承诺后，他们会受到鞭策。

有一位企业家在完成现场演练后对我说，他一回去就会立刻采取行动。我询问他为什么，他回答说，因为在课堂上面对这么多同学做出了承诺，如果回去不付诸行动，下次见面都会感到不好意思。

跟踪行动表现

学员虽然制订了行动计划并承诺执行，但是否会真正采取行动呢？

我们的答案是："不一定！"

通常情况下，有两个因素可能导致学员不采取行动：首先是惰性，其次是缺乏指导。

为什么学员在课堂上能够保持高度的专注和良好的状态？这是因为"场"的力量。课堂上，大师营造了一种充满学习氛围的"场"。然而，很多学员一旦回到企业，很快就会重新投入到日常事务中，失去了那种相互学习和相互促进的环境，逐渐忘记了课程内容的实际应用。

我遇见过很多这样的学员。他们在课堂上表现优异，对企业存在的问题表现出深刻的认识和痛心，但一旦回到企业，却没有发生任何实质性的变化。这就要求学习顾问进行跟踪，并定期组织复习会。

1. 学习顾问跟踪

如果要对学员的最终成果负责，我们应该怎么办呢？一般而言，我们可以为大师配备一些学习顾问，由这些学习顾问跟踪学员的行动计划，发挥监督和激励的作用。

有一位企业家学员的做法颇具启发性。他特意找到我们的学习顾问，坚持要支付一万元作为监督自己学习落地的费用。他坦言，自己需要外部的监督才能采取行动。尽管我们无法接受他的监督费，但这一事件足以说明学习顾问的跟踪服务对学员执行计划的重要性。正应了那句老话，"外来的和尚会念经"。

那么，如何确保众多学员在实施过程中遇到挑战和障碍时能够得到必要的帮助呢？学员可以随时通过电话向老师咨询。客户第一的理念已经深植于行动教育每一位老师的内心，这也是大师应具备的基本素质。

2. 组织复习会

什么是复习会？复习会就是将已经完成课程的学员重新聚集在一起，提供一个平台让学员分享他们的成功经验和在实施过程中遇到的挑战与困惑。成功经验的分享可以坚定其他学员落地的信心，也为他们提供了最佳实践。对于面临挑战和困惑的学员，老师可以利用这个机会集中解答他们的疑问。

> **成功经验的分享可以坚定其他学员落地的信心，也为他们提供了最佳实践。**

通常来说，学员在实施过程中遇到的挑战往往具有普遍性。同时，学员之间的相互分享也能极大地激发彼此的灵感和思考。

第 7 章

大师秘诀

——实效教练

大师已经谢幕，是否还存在秘诀呢？

很多老师都知道，行动教育的核心技术在于技术，因此他们常会询问我们：大师是否拥有某些秘诀？

特别是当我们的研发团队对老师的专业或行业了解不多，却仍能成功地演绎和展现他们的课程时，如果说我们没有秘诀，他们定然不会相信。

那么，我们是否真的有秘诀？

答案是肯定的，我们确实拥有秘诀！但这个秘诀是最后一招！

为什么我们称之为最后一招？

因为"大师基因—大师准备—大师出场—大师演出—大师谢幕"的整个过程，才是我们真正的撒手锏。

我们深信内容为王！只要拥有优质的内容，只要能准确把握学员的真正需求，你就能成为大师。哪怕你的演讲技巧不够纯熟，你的声音不够富有磁性，你在学员心中依然是真正的大师。

然而，大师并非无所不能。我们在"大师准备"阶段就反复强调，并非所有问题大师都能解决。更何况，在许多情况下，大师在面临问题时，可能没有足够的时间准备，甚至没有时间思考就必须匆忙上场。

在心理学中，有一个理论称为"晕轮效应"，其大意是如果一个人在某个领域有特殊才能，我们往往会认为他在其他方面也同样出色。例如，一个唱歌优秀的人，我们可能会认为他在跳舞上也不会差。因此，当一个在特定领域非常擅长的老师走进企业时，学员会认为他无所不能，将他视为所有问题的专家，不仅期待他解决特定领域的问题，有时甚至会把所有问题都抛给他。

一位老师向我讲述了他的一次回访经历，当他访问一位学员的企业时，这位学员并没有向他提出专业问题，而是咨询了关于夫妻关系的难题。这家企业是一个家族企业，丈夫担任董事长，妻子则是总经理。他们面临的问题是双方都不愿意担任董事长，而更愿意做总经理，因为总经理负责企业的日常经营。他们都认为对方的经营能力不足。这让老师感到非常为难。

更有甚者，一位女学员向我们的一位老师求助，她表示自己的丈夫不爱学习，只喜欢去KTV唱歌、喝酒、钓鱼，她希望我们的老师能够说服她的丈夫不要沉迷于这些娱乐活动，避免玩物丧志。

这就是现实！很多老师凭借自己的专业技能赢得了很多学员的信任，但这也常常让学员认为他们能够解决所有问题。一旦你走进他们的企业，他们可能会把你视为最后的"救命稻草"。

你当然可以对于自己不熟悉的领域说"不"，但这样做有时可能会让学员感到失望。如果学员坚持要求你给出建议，你该怎么办？或者，当你确实没有针对学员提出的问题的解决方案，而又不得不在某些场合做出回应时，你该怎么办？

你能否随意回答呢？当然不可以，那样做是对学员的不负责任。

在一些极端情况下，提问者可能故意想要考验你，使你陷入困境，你该如何应对？这里有一个秘诀，那就是实效教练法。它是一种解决问题的工具，一个逻辑严密的思维体系，它不仅可以帮助普通人快速成为老师，更是挖掘人们潜能的有力工具。

这个秘诀让大师游刃有余，以不变应万变！

它果真有这么神奇吗？

> 实效教练法怎么用？三个字：'三板斧'，即问题=课题，群策群力，演讲秘诀。

当然有，关键看你能否熟练运用！

实效教练法怎么用？三个字："三板斧"。

第一板斧 问题=课题。

第二板斧 群策群力。

第三板斧 演讲秘诀。

第一板斧 问题＝课题

无论是在日常生活中还是在工作中，我们实际上每天都在面对问题和解决问题。

如果普通员工不能解决问题，就难以获得上司的认可和赏识。如果管理者不能解决问题，就无法在下属中建立起权威。

我们经常倡导企业学校化，领导导师化。企业领导者要想成为导师，他们的课题从何而来？答案是来自经营过程中所遇到的问题。

问题就是你需要研究的课题。

因此，如果你想成为解决问题的专家，就应该将问题视为课题去研究，并按照以下三个步骤去实践。

第一步 定义问题。

第二步 分析问题。

第三步 解决问题。

第一步 定义问题

我们遇到问题时常常会感到困惑，这可能是因为我们有时并不清楚问题的本质所在，或者没有明确需要解决的问题究竟是什么，以及解决到何种程度。

我们的日常工作和生活中的逻辑及思维模式常常是这样的：在还没有完全理解问题的情况下，我们就急于采取行动，试图找到解决方案。这种急躁的行动往往导致问题变得更加复杂，结果自然不会理想。

在我拜访香港一家非常知名的服装连锁企业的董事长时，我询问他最迫切需要解决的问题是什么。他告诉我，他觉得连锁店的导购员缺乏激情。

我回应说，那我们就来探讨一下如何激发导购员的激情。但在此之前，我想请问董事长一个问题：您认为要达到什么样的状态，才算是解决了这个问题？换句话说，您认为导购员要展现出怎样的激情，才算是问题得到了解决？当我提出这个问题后，董事长沉默了至少30秒。我想，这个问题可能让他开始深思。

大家是否注意到，那些形容词往往是无法衡量的，没有明确的标准就难以对照。如果问题没有被清晰地定义，我们就找不到解决问题的切入点，最终只能对问题束手无策。

因此，你可能需要反思一下，或许你每天都在处理问题，但实际上你连问题的本质是什么都不清楚，就去尝试解决它。这种情况下，你实际上并不是在解决问题，而是在制造更多的问题，这无疑是在浪费时间，浪费人才，浪费财力！

所以，当你遇到问题时，你的第一反应应该是澄清问题，明确到底需要解决的是什么。

那么，谁最清楚需要解决什么问题呢？当然是提出问题的人。同样，谁最有可能解决问题呢？也是提出问题的人。问题的提出者往往就是最佳的解决方案提供者。

因此，当你对某个领域不太熟悉时，你可以依赖的只有提出问题的人。

在这种情况下，你的角色发生了变化，你不再是那个领域的大师，而是需要从大师转变为催化师。你不再是内容提供者，而是过程引导者。你的主要工具变成了提问、倾听、区分和反馈。你的目标是激发团队解决问题的热情和群策群力。因此，你需要营造良好的氛围，保持中立，并妥善处理团队在解决问题过程中可能出现的争议。

具体怎么定义问题呢？

- 澄清提问的出发点；
- 澄清解决问题的目标；
- 澄清问题解决后的成果。

1. 澄清提问的出发点

要想定义问题，首先应该澄清的是提问的出发点。

- 是谁在关注这个问题？
- 这个问题真的很重要吗？
- 为什么一定要解决这个问题？
- 有没有更重要的问题要解决？
- 不解决这个问题后果严重吗？

通过提出这些问题，让提问的人去反思。当你把这些问题踢回去以后，会让提问的人对问题有一个更全面的认识！

有位高管曾经问我一个问题，当我把以上这几个问题向他问完以后，他发现他问的问题根本不是目前最重要的问题，也不是很紧急的问题，他发现他有更重要的事情要去做！

2. 澄清解决问题的目标

目标最好是可以量化的，因为只有量化的目标才足够清晰。一个量化的目标能够帮助我们明确解决问题的方向。就像前面提到的"没有激情"这个问题，这是一个形容词，其真正含义只有提问者自己最清楚。因此，我们必须先澄清提问者想要达成的具体目标是什么。

> **目标最好是可以量化的，因为只有量化的目标才足够清晰。**

你解决问题想要达到的目标是什么？

- 做到什么程度意味着这个问题解决了？

- 这个问题到底由谁来评估？什么时间完成？要达到什么标准？

- 大家对这个问题了解吗？有没有什么不清楚的地方？（没人回答可点名。）

示例

→ 示例一 我如何在60岁之前退休

如果我问你如何在60岁之前退休，你会如何回答？很多人可能会立刻开始提出建议，这实际上是不恰当的，因为这个问题表述得很模糊。

要澄清这个问题，首先需要询问的是退休的具体标准是什么？对方可能会回答说拥有300万元就可以退休了。但你的询问不能就此停止，需要继续追问：仅仅有300万元就足够了吗？对方可能接着会表达，他希望退休时身体是健康的。

因此，经过澄清后的问题变成了：我如何在60岁（假设法定退休年龄是60岁）之前赚到300万元，并且在退休时保持身体健康？

⊘ **点评**：如果不对问题进行澄清，你会发现自己根本没有解决问题的切入点，不知道从何开始，这样你的解决方案可能就会是错误的。因为你根本没有弄清楚对方真正需要解决的问题是什么。

➡ 示例二　如何在今晚举办一个疯狂的晚会

能否立刻找到解决方案？当然不能。问题中存在很多不明确的要素，例如，晚会的开始和结束时间是什么时候？什么程度才算是疯狂？疯狂的标准又是什么？

有时候，面对较大的问题，你可以通过不断澄清，将问题具体化、细分化。

此外，还需要确保团队成员对问题的理解达成共识。对同一个问题，不同的人可能会有不同的理解。因此在多人讨论时，可以询问大家对于问题是否有不清晰的地方。通过团队成员之间的相互提问，可以使问题变得更加清晰。

为什么很多企业会议会跑题，部门和同事之间争吵不休？这背后的原因往往是在会议或争论开始前，对问题的理解没有达成一致。

你要注意，在这种情况下，你的角色是引导者、教练，而不是方案的提供者。特别是当你不是该领域的专家时，更需要让学员之间相互澄清问题。你可以将一个学员的问题抛给其他学员，或者用提问的方式回答，比如问："你觉得呢？"

有时，你还需要判断学员提问背后的真正目的。如果学员提问是为了故意挑战你，那么他们心中通常已经有了答案。如果你的回答与他们心中的答案不符，他们可能会产生抵触，这会使你很难改变他们的看法。

因此，在这种情况下，最好的方法是反问他们，比如问："你觉得呢？为什么你要问这个问题？你到底想要什么？"当然，你也可以把他们的问题抛给其他学员，让其他学员回答后再将答案反馈给提问者，通过这种来回的沟通过程，有助于明确问题的定义。

3. 澄清问题解决后的成果

"这个问题解决后将为你带来什么价值？"

提出这个问题的原因是什么？实际上是为了让提问者认识到这个问题解决的价值所在，并激励其他人更积极地协助解决这个问题。这实际上是在厘清问题背后的动机。

通过明确问题的定义，我们最终可以帮助提问者提升自己的觉察力和责任感。

如果一位老师能够掌握定义问题的技巧，即便他不是某个领域的专家，也能够迅速建立起自己的权威。

第二步 分析问题

问题已经得到了澄清，接下来就是对问题进行分析。然而，很多人常常在未进行深入分析的情况下就急于解决问题，或者在没有理解问题的根本原因之前就草率采取行动，这样的做法往往会导致失败。

为什么很多问题会一再出现？实际上，这是因为问题没有从根本上得到解决。

示例

有一天清晨，动物园的饲养员发现鸵鸟在笼子外散步，他立刻将这一情况报告给了园长。园长迅速召集会议，并决定将笼子的高度增加到2米。次日，饲养员再次发现鸵鸟在笼外散步，他又一次迅速报告给园长。园长感到非常生气，决定将笼子的高度提升至3米。第三天，饲养员早起后发现鸵鸟仍旧在笼子外面散步，当他向园长报告时，园长极其愤怒，决定直接将笼子的高度增加到5米。然而，到了第四天，饲养员仍然发现鸵鸟在笼子外散步。这究竟是为什么呢？有一天，长颈鹿和几只鸵鸟闲聊时，长颈鹿问鸵鸟："你们认为，这些人会不会继续加高你们的笼子？"鸵鸟回答说："很难说。如果他们继续忘记关门的话！"

点评：作为管理者，我们每天好像都在解决问题，但每天是不是投入更多的人力、物力在创造新的问题呢？

那么，怎么分析问题呢？作为教练，你要掌握以下这套分析问题的工具：

- 分析现状；
- 分析差距；

- 分析障碍；

- 分析标杆。

1. 分析现状

要想解决问题，一定要把这个问题目前的现状呈现出来。

如果你是一个教练，你就要学会"现状发问"工具。

- 目前谁负责这件事情？

- 他做了什么，采取了什么行动？

- 他的素质和能力如何？

- 为什么当时会这样做？

- 在什么时候做的？

- 在哪里做的？

- 具体是怎么做的？

- 做的效果如何？

- 你是怎么评价的？

> 要想解决问题，一定要把这个问题目前的现状呈现出来。

这几个问题都是围绕着现状在追问。不了解现状，就不可能找到与目标的差距；不知道差距，就不可能找到解决方案！

行动教育有一次召开了分公司总经理会议，会议的主题是招聘组建新团队，要确保每个分公司至少有30个人的编制。

在会议中，我辅导的一位分公司老总提出了很多方案，方案中甚至已经明确到了具体的时间和责任人。于是我问他，目前是谁在负责招聘工作？他回答了某个人的名字。

我继续问他，目前这位负责人是如何进行招聘的？你是否了解？

他表示不了解。

我再问，目前的招聘进展如何？平均每个月能招到多少人？

他回答说，大约只有一个人。

我指出，差距如此之大，而你又不清楚目前的招聘方式，怎么就急于把解决方案做完了呢？这样的解决方案真的具有价值吗？

当然，在这一问一答的过程中，他的觉察力也变得敏锐起来，很快意识到了问题所在。他认识到目前的关键不在于急于提出解决方案，而在于要弄清楚为什么一个月只能招到一个人，问题的根源究竟在哪里。

所以，通过对现状进行提问，可以把真实情况展现出来。

2. 分析差距

一旦问题得到了明确，现状也得以呈现，差距自然也就显现出来。差距就是现状与目标之间的差异。

有时候，人们可能习惯于依赖经验，凭直觉做出判断，而没有具体的数据支撑，这样的分析方式是粗放式的。

3. 分析障碍

明确差距之后，接下来就是分析造成这种差距的原因。是什么导致了现状与目标之间存在如此大的差距？

作为教练，应继续采用提问的方式，引导学员发现真正的障碍所在。

- 为什么会产生这么大的差距？
- 障碍究竟在哪里？是由什么原因引起的？
- 你在何时何地遇到了这些障碍？
- 还有其他的障碍吗？

- 你已经采取了哪些措施？效果如何？你计划接下来怎么做？

4. 分析标杆

在识别了差距并分析了障碍之后，下一步就是寻找标杆。通过寻找标杆，帮助学员找到可能的解决方案。

你可以询问以下问题：

- 目前谁在这个领域做得比较好？

- 外部标杆是谁？内部标杆又是谁？

- 他们是如何做到的？

我们曾经召开过一次高管会议，主题是讨论行动教育渠道的建设问题。渠道副总裁在汇报结束后，我问他，目前哪个培训公司的渠道做得好，可以作为我们的标杆？他回答了一个公司的名字。我接着问他，你对这家公司了解多少？他坦言并不了解。在那之后，我没有再多说什么，但他已经明白接下来需要做什么。

通过这样的提问方式，可以持续促使人们进行自我反思，不断引导他们接近问题的本质。即使你不是该领域的专家，也能激发出人们内心最深处的智慧。

第三步　解决问题

问题已定义，也经过了分析，接下来就要解决问题了。

此时，解决问题可谓是水到渠成之事。

特别是在障碍分析与标杆分析的过程中，众多解决方案已悄然浮现。那么，在解决问题这一环节，我们应当注意哪些事项呢？

我们应坚定不移地扮演好教练的角色，保持中立，擅长引导，促使团队齐心协力，共同发掘并确立最佳解决方案。

具体实施时有两个要注意的关键：

- 优先级；

- 动作/步骤。

1. 优先级

什么是优先级？在进行障碍分析和标杆分析的过程中，往往会有很多解决方案浮现出来，这时你需要抓住关键。由于每个人的时间与精力都是有限的，不可能面面俱到地处理每一件事。同时，根据自然界普遍存在的80/20原则，即解决20%的核心障碍，基本上就能够解决整个问题。因此，在这个阶段，关键是对需要解决的障碍进行优先级排序。

> 解决20%的核心障碍，基本上就能够解决整个问题。关键是对需要解决的障碍进行优先级排序。

- 面对这些障碍，你觉得哪些是最关键的？请列出三个核心障碍。

- 为什么你觉得这三个障碍是核心障碍？

- 你背后的假设是什么？

- 情况一定是这样的吗？有没有其他可能性？

- 你觉得其他人会怎么看待这个问题？

通过这些问题，引导学员找出最核心的障碍。解决这些核心障碍的方法，就是问题的解决方案。

2. 动作/步骤

针对每个核心障碍要梳理出解决方案，这时候的解决方案一定要具体到动作。什么叫动作？就是可落地！

- 具体怎么做？

- 如果让你去执行，你明天会做什么？
- 你的这个动作有我们能观察到的行为吗？
- 你的这个动作可以具体到时间点吗？
- 你的这个动作可以有具体的成果吗？

读到这里，你就会发现，在整个过程中，老师扮演的角色是一个引导者。他不会深入到具体的专业领域中，而是通过提问来激发人们的思考和反省，通过提问来帮助人们澄清问题的本质。有时候，这种方法带来的效果可能比单纯的授课更为显著。当然，是否采用这种方法还需要根据具体情况来决定。

第二板斧　群策群力

俗话说得好："三个臭皮匠赛过诸葛亮。"

任正非说，要让听得见炮声的人做决策。上海家化董事长葛文耀说，要让听得见炮声的人指挥战斗。我想他们都在说同一个道理，真正的智慧在民间，真正最了解实际情况的是一线员工。

所以，真正的大师知道，有时，并不是自己去给学员传授知识，而是让学员成为自己的老师。这时候掌握群策群力的方法就很重要。

怎么让团队群策群力，让学员成为老师，教学相长呢？我们给大家提供超级经典的工具：

- 提问模型+总结；
- 分享和PK；
- 质询。

提问模型+总结

还记得我曾经说过，如果你对某个课题真的不了解，而你又是这个课题的导师，怎么办？

在我访问一家企业的途中，发生了一件出乎意料的事。我原本的目的是进行调研，但由于沟通不足，或者这家企业认为既然难得请到老师，就应让他进行一次分享。因此，当我到达时，被直接带到了企业的大培训室，那里已经坐满了人。

更让我吃惊的是，这家企业的负责人随后告诉我，他们特意为了这次分享暂停了生产，并将时间完全交给我。

面对这种情况，我实际上有三个选择：

第一，我可以向企业家坦白，今天我没有任何准备。但这样会让他非常尴尬，也可能影响到行动教育与他未来的合作。毕竟，这么多员工已经聚集在此，不仅会浪费他们的时间，还会让他们的期待落空，我猜想企业家可能已经对我大加赞扬。

第二，我可以分享我非常熟悉的课题，如"企业精神"或"大师是怎样炼成的"。但考虑到在场的很多人，包括一些穿着工作服的一线员工，如果我分享这些内容，可能会与他们距离很远，听起来会很累，效果可能不佳。

第三，当然，最佳选择是我能够讲述他们想听的内容，但他们想听的也许不是我最擅长的。

最终，我决定讲他们想听的内容。我让他们分成8个小组，并各自选出组长，然后由组长带领小组成员讨论出他们希望学习的课题。

讨论结束后，我发现有几个小组提出了相同的课题，经过认真整理，最终归纳为3个课题。我将这3个课题写在大白纸上，并邀请大家一起对这些课题进行优先级排序。我告诉他们，尽管今天我可能无法分享所有3个课题，但我会根据时间安排，按照课题的重要性依次进行讲解。

这3个课题都不是我的专长，而且它们都源自他们企业的实际情况，具有很强的专业性。作为一个外来者，我如何能够完成这次授课呢？

我采取了"提问模型+总结"的方法。课程结束时，这位企业家非常激动，表示这是他参加过的最实用、最能解决问题的课程。他提到他的员工素质普遍不高，平时学习主动性不强，不愿参与，缺乏热情，但这次学习的情况完全出乎他的预料，员工的投入程度让他感到惊讶。

更让他印象深刻的是，他原本认为员工缺乏责任心，对工作漠不关心，不会从企业的角度考虑问题。然而，这次培训彻底改变了他的看法，他发现员工其实非常有责任心，他们真诚地希望企业能够发展得更好。

上面所说的"提问模型+总结"是什么呢？下面我就结合步骤加以说明。

第一步 定义课题

提问：你是如何理解这个课题的？（可以邀请每个小组中的某位成员来回答，提问的目的是确保大家对课题有一个统一的理解。）

总结：将每个人的回答以简洁的方式记录在大白纸上。在所有人回答完毕后，进行归纳和总结，并将最终的总结内容重复一遍，确保每个人都能清晰地理解。

继续提问：你希望通过学习这个课题解决什么问题？（同样邀请每个小组中的某位成员来回答，提问的目的是让大家对课题的预期成果有一个共识。）

总结：将每个人的回答以简洁的方式记录在大白纸上。在所有人回答完毕后，再次进行归纳和总结，并将最终的总结内容重复一遍。

第二步　现状分析

提问：你认为这个课题在我们企业中的现状如何？（请各小组组长带领团队成员共同讨论，并汇报你们对现状的分析结果。）

总结：将各小组关于现状分析的结果进行归纳和总结，最后要把归纳总结的内容重复一遍。

第三步　后果总结

提问：如果当前现状持续下去，会带来哪些后果？我们能否将可能的损失量化？（请各小组组长带领团队成员共同讨论，并汇报你们对后果的分析及量化估计的结果。）

总结：将各小组对后果分析及量化估计的汇报进行归纳和总结，最后把归纳总结的内容重复一遍。

第四步　原因分析

提问：导致这些后果的原因是什么？（请各小组组长组织团队成员共同探讨，并分享你们的原因分析结果。）

总结：将各小组关于原因分析的结果进行归纳和总结，最后把归纳总结的内容重复一遍。

第五步　成功的本质

提问：如果我们能够成功解决这个课题，对我们有哪些好处？（请各小组组长组织团队成员共同讨论，并分享你们的讨论结果。）

总结：将各小组对成功的本质的讨论进行归纳和总结，最后把归纳总结的内容重复一遍。

第六步　解决方案

提问：我们应该如何解决这个课题？（请各小组提出你们认为最佳的解决方案，并进行汇报。）

总结：将各小组提出的解决方案进行归纳和总结，最后把归纳总结的内容重复一遍。

第七步　成果落地

提问：对于解决方案的每个部分，谁将负责实施？计划何时完成？完成的标准是什么？如果未能完成，将采取哪些措施？（逐一提出这些问题，并鼓励学员主动回答。）

总结：将最终确定的解决方案转化为"行动计划"，并清晰地记录在大白纸上。

这七个步骤组成了"提问模型+总结"，无论面对何种课题，都能有效地帮助团队掌握问题并迅速解决。

示例

"100%担当责任"提问模型

1）请大家分享一下你是如何理解100%担当责任的？

2）你期望通过学习"100%担当责任"达成的目标是什么？

3）你觉得我们企业在担当责任方面的现状是怎样的？

4）你觉得这样的现状给我们企业造成的后果是什么？如果可量化，请用具体的数字描述。

5）为什么会出现不负责任的现状呢？

6）如果我们都愿意担当责任，对大家的好处是什么？

7）怎么能够让我们的团队担当责任？你的解决方案是什么？

行动教育运用"提问模型+总结"，成功打造了一个出色的产品——"知行合E"。这个产品提供了卓越的线上线下学习体验，涵盖了众多课题。在每个课题中，都有两位老师共同参与：线上老师负责传授实效性内容，线下老师扮演实效教练的角色。每个课题通常为期一天，这种方法已被证明非常有效，并且非常适合企业构建自己的商学院。

分享和PK

群策群力的过程中，小组分享和PK是非常有效的工具，这涉及课程的组织方式。通常，我们会将8~10人组成一个小组，并在小组内指定以下关键角色：

- 组长；
- 记时员；
- 记录员；
- 纪律委员。

这四个关键角色负责确保小组内每个成员都遵守规则，并且全心投入到群策群力的活动中。

为了促进学员的积极参与，我们设置了PK机制，根据学员的考勤、纪律和现场回答问题的情况给予打分，以此激发学员的参与热情和互动积极性。

例如，当老师提出问题后，如果某个小组的成员能够迅速抢答并给出正确答案，那么这个小组将获得额外的10分。

既然实行了评分制度，自然就会有相应的奖励和惩罚。表现最优秀的小组可能会得到书籍作为奖励，而表现不佳的小组则需要全体成员一起做俯卧撑作为惩罚。

质询

群策群力中，质询是一个非常有效的工具。它不仅能提高学员的参与度，还能提高群策群力的质量和课程的实效性。

> " 质询不仅能提高学员的参与度，还能提高群策群力的质量和课程的实效性。 "

具体的质询方法如下：

当一个小组的代表分享完他们的原因分析后，可以这样质询：

- 你的分析是建立在哪些假设上的？这些假设是否合理？
- 真的是这样吗？是否还有其他可能性？
- 你为什么会这样认为？
- 当一个小组的代表分享完他们的解决方案时，也可以这样质询：
- 这个解决方案是否考虑了所有相关因素？
- 有没有其他可能的解决方案？
- 这个解决方案是否可行？

……

一般来说，老师可以先质询，然后鼓励其他学员也进行质询。这样做可以活跃课堂气氛，提高小组分享的质量，同时促使学员更加认真对待。有时，学员之间的质询非常激烈，这表明他们正在深入探讨问题的核心。

第三板斧 演讲秘诀

我们今天的主题是"大师是怎样炼成的"，但我们始终没有提到演讲技巧。为什么？因为我们认为，真正打动观众的不是那些华丽的语言，也不是那些悦耳的声音，这些固然重要，但并非决定性因素。

> 真正伟大的演说家之所以伟大，从来不是因为他的语言和声音，而是他的话句句说到人们的心坎里。

真正伟大的演说家之所以伟大，从来不是因为他的语言和声音，而是他的话句句说到人们的心坎里。

怎样能说到人们的心坎里？说的内容就包括本书前文介绍的整个过程：大师基因—大师准备—大师出场—大师演出—大师谢幕。

但是，演说也还是有技巧的，我们在这里向大家介绍演说的五个基本原则，即保持巅峰的状态，震撼出场，抛出惊喜感的故事，激发互动参与，高潮结尾。这五个基本原则应该贯彻始终。

保持巅峰的状态

什么叫巅峰的状态？不同的人有不同的理解，不同性格的老师展现方式也不尽相同。有的老师激情四射，声音洪亮；有的老师则娓娓道来，但是让人感觉很有气场，很有力量。因此，巅峰状态指的是老师内心的掌控，是否充满激情，是否全情投入，是否已将自身调整至最佳状态。

达到巅峰状态并无绝对标准，它更多是一种给人的直观感受。有些人声音高亢，却未能传递出真正在状态的感觉，反而可能给人一种歇斯底里或刻意造作的印象。

那么，人们是如何判断一个人是否处于巅峰状态的呢？主要从三个方面进行观察：语音、表情和手势。

1. 语音

语音要抑扬顿挫，如果声音平淡无奇，听众便容易感到乏味。

为什么有些老师的声音会显得平淡？可能是他们接受的训练不足，未能掌握正确的发声技巧。但更常见的原因是课程内容设计上的缺陷，例如，内容不够简洁明了，语言表达缺乏力量，结构上缺乏起伏变化，对案例或故事的感悟不深，像是在背诵流水账。在这种情况下，老师很难进入状态。许多人误以为"大师准备"就是死记硬背，这其实是一种误解。死记硬背绝非最佳方法，它会让老师的注意力集中在回忆内容上，而非与听众的互动，无法用心与听众对话。这种情况下，老师的声音就会显得平淡，老师的状态也会给人僵硬的感觉。一旦在演讲中出现卡壳，老师就会不知所措。

2. 表情

表情对于演讲同样很重要，它直接影响着演讲者的状态和声音。如果表情僵硬，可能会导致口腔活动受限，使得声音听起来嘶哑，缺乏力量感。

3. 手势

手势的重要性不言而喻，它能够传达给观众一种大气的感觉，因此手势应当自然展开。演讲时，不要频繁走动，但也不要一动不动。特别是手持麦克风的姿势，需要显得优雅，因为很多老师一旦拿起麦克风，便可能给人一种业余的印象。

此外，老师的服饰和配饰也很重要。一般来说，老师身上的服饰颜色不宜过多，配饰也不宜过于繁复，以免分散观众的注意力。

关于声音、表情和手势的技巧还有很多，如果读者感兴趣，可以阅读一些专门介绍这些技巧的书籍。

震撼出场

如何一出场便震撼全场？这需要精心设计。所谓震撼，就是迅速吸引他人的注意力至你身上。

通常，学员初入教室时，心中往往充满杂念，脑中尚有诸多未处理之事。置身于一个陌生环境，他们可能会感到不适应，加之周围人尚未熟悉，这会让他们感到自己并不属于这里，内心世界显得封闭。此外，一些学员对老师也不够了解，心中既有期待，又不免有些本能的抵触。

这就对老师的出场提出了要求：能否一出场便将学员的注意力吸引至学习上，吸引至你身上？能否让他迅速融入学习的氛围？无论主持人之前进行了何种热身活动，最关键的时刻仍是老师出场后的前3分钟。

那么，如何将学员的注意力吸引至你身上呢？我们推荐两种方法。

1. 讲自己的故事

所讲的故事应围绕为什么你选择讲授这门课程展开，其核心在于让他人了解你，理解你今天站在讲台上授课的资格。故事的叙述应避免自吹自擂，保持真实可信，同时要巧妙地融入幽默、惊喜和感动的元素，以激发学员的共鸣。

2. 发问

发问是一种有效的方式，能够迅速吸引人们的注意力。例如，你可以这样开场："非常感谢大家今天来参加这个课程。那么，你们希望通过这门课程解决哪些问题呢？"

当然，吸引注意力的方法远不止这些。在"大师出场"这一章中，我们曾介绍过痛点教学法，有时直接挖痛也是一种有效的策略。

抛出惊喜感的故事

我们在"大师出场"和"大师演出"两章中已经谈了很多，这里就不详细介绍了。

激发互动参与

研究资料表明，激发学员的互动参与应当贯穿整个学习过程，这是确保学员学习效果达到最佳的关键。我们建议，每15分钟就应有一次互动环节，如提出问题、进行游戏或练习等。

原因在于，现代人很难在一件事情上持续集中注意力超过15分钟。如果在15分钟内，课程内容没有互动或变化，学员容易感到疲劳，注意力难以集中。因此，一个好的课程，应以15分钟作为一个单元进行设计。

高潮结尾

如何高潮结尾呢？可以通过讲述一个故事，也可以留下一些期待，甚至可以借助一些歌曲，让人意犹未尽。

行动教育通常在课程结束时会为PK冠军颁奖，并邀请冠军分享自己的经验。随后，老师会被请上台进行最后的分享。老师会对整个课程内容进行再次总结，并对学员表达希望和鼓励。

当然，今天我们介绍的大师秘诀三板斧，如果不去实践，就毫无价值。这三板斧需要你不断练习。我能保证，每次练习都会带给你新的领悟。

你可以在同事面前进行练习，因为这些方法实际上都很简单。我们希望你每次练习后，都能请同事提供反馈，并且你自己也要不断进行总结。如果能够做到这样，你就离成为大师越来越近了。

第 8 章

大师境界

我本来不准备写最后这一章，因为我觉得我该说的都说了，不该说的也说了。

有位好朋友，也是行业内的专家，在阅读完这本书后就对我说：夏老师，你这本书写得太好了，你将这些专业而复杂的研发技术和知识管理工具以如此简单直白的方式表达出来，这会不会影响行动教育的核心竞争力？你透露得太多了！很多人只要认真阅读你的书，就能学会。听说你未来还计划与很多行业标杆企业合作建立行业商学院和渠道商学院，这些企业阅读了你的书后可能会自己独立行动，不再寻求与你的合作。

我曾与李践老师讨论过这种担忧，李践老师回应说：没关系，如果真是这样，我们也为中国的精细化管理和新商业模式做出了贡献。更何况，如果行业标杆企业与行动教育合作，共同创造的价值将远远超过他们自己独立研发某个课程的价值。行动教育多年的精细化运作和深耕，使我们不仅拥有领先的研发技术和大师制造技术，还有管理培训行业的运作经验，以及利用知识撬动资本的经验，这些核心技术构成了行动教育真正的核心竞争力。

当然，我们更不担心同行业的竞争对手，因为提升整个培训行业，乃至中国教育事业的品质，也是我们的重要使命。行动教育在管理培训行业已有十几年的历史，是这个行业发展的最大的受益者之一。为管理培训行业贡献自己的力量，是我们应尽的责任和义务。

因此，在本书即将结束之际，我仍要强调一个重点：大师境界。

即使你已经成为某个领域的典范，如果：

- 你没有境界，你是很难走远的！
- 你有境界，你也是不可能持续发展的！

那么，真正的大师应该具备什么境界呢？

- 大家风范。

- 胸怀行业。

- 开创学说。

大家风范

作为一名大师，如果你要持续引领潮流，应该具备什么样的风范呢？我们提出大师应具备的三个品质：

- 持续学习。

- 持续践行。

- 持续谦卑。

持续学习

大师已经成为典范，是否就不需要刻苦学习了？

当然不是，今天的世界变化迅速，唯一不变的就是变化本身！原有的成功经验可能很快就会变得过时。正如英特华集团董事长杨志明先生所说，现在是一个外行颠覆内行的时代。

在当前全球经济一体化的背景下，竞争环境正在急剧变化。权威数据显示，国内企业经营的环境比10年前复杂了2.5倍，企业间的竞争也增强了3.3倍。

- 每隔10年，原来的"世界500强企业"中就有1/3消失；

- 企业的平均寿命仅为10年前的20%；

- 企业的平均利润率每年递减20%；

- 中国民营企业的平均寿命为2.9年，每3年中100家企业就有68家倒闭。

无论是企业还是个人，不论你过去取得了多么辉煌的成就，如果停止学习，最终都可能被市场淘汰。

人类社会经历了5000年的农业经济和300年的工业经济，现在已经进入了知识经济时代。如果不持续学习，不与时俱进，即使是大师，也可能变得过时。

2013年5月，我和李践老师一同出差前往美国达拉斯参加ASTD全球培训大会。当时，行动教育正处在战略大调整的时期，我们的行程仅安排了5天。

我最先抵达机场，远远便看到李践老师拖着一个很大的行李箱，手里还提着一个大箱子。我急忙上前，准备帮助李践老师提箱子。

李践老师见我手上没有东西，便顺手将箱子交给我。我当时以为这个大箱子里应该只是一些衣物，即便有些其他物品，也不会太重，因此在接箱子时表现得相当随意。但正是这份随意，让我差点摔倒，箱子重重地砸在了地板上。为什么呢？因为它实在太重了，我完全没想到会这么沉！

我很惊讶地问李践老师："这个箱子里装的是什么，怎么这么重？"李践老师回答说："是书。"我打开箱子一看，里面果然全是书，难怪如此沉重。

我对李践老师说："老师，我们总共只有5天时间，除去转机和睡觉的时间，你哪有时间看这么多书？而且我们不是还计划在飞机上讨论一些方案吗？"

老师的回答让我感到惭愧，他说："看书是一种习惯，想要学习总能找到时间。我肯定能看完的。"

要想持续成为大师，就要把持续学习培养成一种习惯！

在行动教育，我们对每位员工提出了"四个一"工程的要求：

- 每季度至少参加一次课程。

- 每月至少阅读一本书。行动教育还会组织读书会，鼓励你不断学习。书籍由集团免费提供，集团还为每个部门额外划拨一定的购书经费。如果你不热爱学习，你在行动教育可能待不长久。

> " 要想持续成为大师，就要把持续学习培养成一种习惯！ "

- 每周至少阅读一本专业杂志。

- 每天至少阅读一份专业报纸。

持续实践

持续学习是基本的，持续实践才是最核心的。

有些老师一旦成为讲师，就可能脱离了行业和企业，变成了职业讲师。

如果是这样，那么这位老师成为职业讲师的那一天，也是他离"大师"越来越远的那一天！

因为真正的知识是在实践中产生的，真正的大师不会把讲课作为职业，而是作为爱好。即使这个爱好能带来巨大的经济价值，如一亿元甚至十亿元，他仍会将主要精力放在不断精进和研究自己的专业领域上，因为他明白这才是立足之本。

与他人分享知识，不仅仅是传播最佳实践，实际上也是为了自我提升。有时在实践中未能理解的问题，在教学过程中反而得到了解答，这就是所谓的教学相长。

正因为培训市场庞大，很多优秀的职业经理人选择了成为全职培训师这条路，变身为"飞人"，今天飞这里讲课，明天飞那里讲课。虽然短期内解决了他们的收入问题，但长远来看，他们可能会与现实脱节。因此，即便很多老师有着出色的背景，如曾在某知名公司担任高管，如果那是很久以前的事情，我们在引进时也会非常谨慎。

一些老师为了弥补实践经验的不足，开始为企业提供免费的咨询服务。这固然比纯粹的职业讲师要好，但与在企业一线的实践相比，仍然远远不够。

我们期望行业标杆能够成立自己的商学院，正是出于这个原因。不必担心这些职业经理人会离开这个平台，一旦离开，他们可能就一无是处。而在这个平台上，如果给予他们分享的机会，他们将更有动力去做好自己的工作，成为行业标杆，并在同行面前分享自己的经验。

行动教育的这套研发技术，不仅可以培养大师，更重要的是能够帮助行业标杆提升自我，构建更强大的核心竞争力。

持续谦卑

什么是谦卑？

谦卑就是要拥有开放的心胸，而不是固守自己的经验。

谦卑就是要不断地反省自我，超越自我。

谦卑就是要认识到自己的不足，时刻鞭策自己不断精进和奋斗。

对此，我深有体会。

如果一位老师没有开放的心胸，他就不可能根据我们的研发技术进行自我改造，也不可能在我们这些执着追求卓越的人的影响下，经历挑战并享受其中的乐趣。

> 谦卑就是要拥有开放的心胸，就是要不断地反省自己，超越自我，就是要认识到自己的不足，时刻鞭策自己不断精进和奋斗。

如果一位老师不能自我反省，他就不可能在每次课程结束后持续改进。当我们向老师提供学员的反馈时，他面临两个选择：一是漠不关心，置之不理；二是将这些反馈视为宝贵意见，将改进作为首要任务。我很高兴行动教育的老师都属于后者。

英特华集团的杨志明先生是一位极具传奇色彩的人物。自2009年起，他便跟随行动教育学习，成为其忠实的支持者。在李践老师的"赢利模式"课程中，他学习到了聚焦战略的重要性，这促使他决定放弃其他业务，如餐饮业，转而专注于图书销售。

众所周知，图书销售是一个竞争异常激烈的传统行业，无论是线上还是线下，图书市场都是一片竞争激烈的"红海"。

然而，杨志明先生却在这片"红海"中成功开辟出了一片"蓝海"。他仅用2.5年的时间，就通过电子商务将营业额从0元提升至5亿元，这无疑是一个商业奇迹。

更令人称奇的是，三年前，杨志明先生对网络和电脑还非常陌生，连发送电子邮件都不会。即便到了今天，他也只能进行一些基本的电脑操作。

正是基于这些经历，杨志明先生希望能够将自己的一些成功经验与传统企业分享。在当今时代，很多传统企业的规模不断缩小，利润日益微薄，而且大多数传统企业的老板对网络也并不精通。杨志明先生的成功转型无疑为这些老板提供了宝贵的借鉴。因此，他希望通过行动教育这个平台，向企业家提供免费的分享。

然而，行动教育对于任何一位站在其讲台上的老师都有非常严格的标准。如果老师的课程没有经过大师准备、大师出场、大师演出、大师谢幕这四个阶段，我们不会允许他站在行动教育的平台上。因为我们需对数百位学员的时间、感受以及最终成果负责。

李践老师首先对英特华集团进行了考察，发现他们在传统企业电商转型方面确实积累了丰富的经验。之后，李践老师从北京给我打来电话，简要介绍了杨志明先生的情况，并提出杨志明先生希望在"赢利模式"课程中分享一小时的想法。但当时距离开课仅剩两天，我们还在考虑是否让他进行分享，而我拥有一票否决权。对于品质，我们绝不能妥协。

接到电话后，我未携带任何行李便从上海飞往北京，到达北京时已是晚上11点。杨志明先生亲自到机场接我，对我当晚就赶来表示惊讶，称赞行动教育的执行力非常强，他今天才真正体会到了什么是品质。李践老师在16:00还在英特华集团，17:00就给杨志明先生打电话，告知行动教育的研发副总为了他一小时的课程专程赶来。杨志明先生对此深感感动。

我对他说，离课程开始只剩两天时间，非常紧迫，明天我们必须8:30就开始，并且需要将你的所有高管集中起来。

我本以为他会提出许多问题，例如，只有两天时间，他能发生翻天覆地的变化吗？为了一小时的分享，明天8:30就要开始，并且要召集所有高管，这是否有些小题大做？更何况，他本人是一位非常成功的企业家，他完全有权利拒绝我的要求。

但他没有这样做，反而表现得非常谦卑，表示一切都按照我说的去做。

第二天上午，我和他以及他的高管团队重新梳理了课程架构和演讲技巧。之后我让他进行练习，并约定21:00来验收他的成果。

出乎意料的是，晚上他的演讲逻辑非常混乱，他的高管感到沮丧，我自然也有些失望。

虽然我并非专业人士，但我站在台上根据他的核心内容重新演讲了一小时，他企业的所有高管都感到震惊。我都讲清楚了，但他本人没有讲清楚。

在这种情况下，大多数人可能会选择放弃，或者变得固执。放弃可能是因为觉得太难，而固执可能是因为他如此成功，难道一小时的演讲还讲不好吗？毕竟他之前在其他场合分享过，也获得过掌声，为什么一定要遵循行动教育的模式呢？

然而，第三天早上，他的再次演讲让我们都感到惊讶，一个晚上的时间，他似乎完全变了一个人。我询问他晚上发生了什么，他说他一直在练习，直到凌晨2:00。

这就是大家风范——谦卑！

他没有沉溺于自己成功的世界里。

他没有陷入骄傲自满的情绪中。

最终，杨志明先生的分享取得了巨大成功，现场有30多位企业家表达了与他合作的意愿。他本人也感慨，短短一天的时间让他重新认识了自己，他经历了蜕变，赢得了掌声和粉丝，更重要的是，他赢得了自信。他的高管团队也意识到，只有把企业经营好，把本职工作做好，他们未来也有机会走上讲台分享经验。他们原本学习只是为了学习，现在则是为了实现"大师梦想"而学习。

胸怀行业

一个真正的大师应该拥有对整个行业的胸怀，否则其视野将过于狭隘，难以成就大师之名，也不可能持续发展。

因此，大师的境界是需要不断升华的。

第一重境界是只关注自己的工作。

第二重境界是只关注自己的企业。

第三重境界则是胸怀整个行业。

只有胸怀整个行业，你才能在一个领域专精深十年以上；

只有胸怀整个行业，你才能提升自己的格局和境界，把事物看得更通透，做出更大贡献；

只有胸怀整个行业，你才能依托自己专注的领域，创造新的商业模式、商机以及无限的可能性；

只有胸怀整个行业，你才能找到更远大的梦想，获得更强大的力量。

所以，即使你的企业已经成为某个行业的标杆，如果你不能胸怀整个行业，那么你的领先地位是不会持久的。

即使你的企业现在还很小，但只要你胸怀整个行业，终有一天，你将拥有强大的行业影响力，为行业做出卓越的贡献，为提升整个行业的竞争力贡献自己的力量。

如何判断一个大师是否具有胸怀行业的大志呢？看他：

- 是否发自内心地将自己的工作打造成行业标杆。
- 是否发自内心地在企业内部传播和实践最佳实践。
- 是否发自内心地在行业内推广最佳实践。
- 是否发自内心地追求教学相长。

如果一个大师能够做到这些，那么中国的精细化管理就有希望，中国的企业就有希望，中国的整体素质提升也有希望。

如何判断一个企业是否具有胸怀行业的梦想呢？看他们：

- 是否发自内心地想让自己的企业基业长青。
- 是否发自内心地愿意建设平台，进行知识管理和分享最佳实践。
- 是否发自内心地希望通过企业商学院，提升人员素质，提高竞争力。

开创学说

大师的最高境界是什么？是开创一门学派，创立一门学说，真正意义上的开创学说。

在中国的古代，特别是在春秋战国时期，曾经出现百家争鸣、百花齐放的局面。

儒家：孔子、孟子分别著有《春秋》《孟子》。

道家：老子、庄子分别著有《老子》《庄子》。

法家：韩非子著有《韩非子》。

墨家：墨子著有《墨子》。

兵家：孙子、孙膑分别著有《孙子兵法》《孙膑兵法》。

阴阳家：司马谈著有《论六家要旨》。

杂家：吕不韦著有《吕氏春秋》。

这些人之所以被称为大师，不仅是因为他们著书立说，更是因为他们的理论构建了一个完整的派别，他们的学说开创了一个新的学派。以孔子为例，他不仅开创了儒学，还形成了儒学的方法论，这个方法论吸引了众多的追随者、实践者和传播者，号称弟子三千。至今，孔子的理论依然光彩夺目，影响深远至世界各地。

我在本书一开始就强调，每个人一生中都应该完成"两个一"工程：一本书，一堂课。

很多老师可能会说，我已经出过书，也已经讲过课。

但关键是，你的书质量如何？它是否反映了你自己的最佳实践？是否包含了你独到的见解和方法论？你的书影响了多少人？又有多少人在传播你的学说？

同样，如果你已经讲过课，你也需要问自己同样的问题，审视自己是否拥有独特的解决问题的模式。

那么，我们应该如何努力呢？

- 形成大师论。构建一套独到的方法论，这套方法论能够经受实践的检验，能够被人们应用并取得实际成果。

- 发挥钉子精神。集中精力并持续不懈地努力。

- 拥有使命感。胸怀大志，为民族和国家的进步与腾飞肩负强烈
  责任感。

谁最有可能成为大师呢？

我觉得是那些行业标杆领袖。

他们有影响力！

他们有最佳实践！

他们有大胸怀！

他们是中国经济的杰出代表！

他们也是中国崛起的希望所在！

如果他们能够承担起伟大的使命和责任感，他们将极大地推进中华商业文明的建设！

他们将真正为中国的经济腾飞助力，托起中国梦！

反侵权盗版声明

　　电子工业出版社依法对本作品享有专有出版权。任何未经权利人书面许可，复制、销售或通过信息网络传播本作品的行为；歪曲、篡改、剽窃本作品的行为，均违反《中华人民共和国著作权法》，其行为人应承担相应的民事责任和行政责任，构成犯罪的，将被依法追究刑事责任。

　　为了维护市场秩序，保护权利人的合法权益，我社将依法查处和打击侵权盗版的单位和个人。欢迎社会各界人士积极举报侵权盗版行为，本社将奖励举报有功人员，并保证举报人的信息不被泄露。

举报电话：（010）88254396；（010）88258888
传　　真：（010）88254397
E-mail：　dbqq@phei.com.cn
通信地址：北京市万寿路 173 信箱
　　　　　电子工业出版社总编办公室
邮　　编：100036